SONHANDO COM UM LINDO AMANHECER

Editora Appris Ltda.
1.ª Edição - Copyright© 2023 do autor
Direitos de Edição Reservados à Editora Appris Ltda.

Nenhuma parte desta obra poderá ser utilizada indevidamente, sem estar de acordo com a Lei nº 9.610/98. Se incorreções forem encontradas, serão de exclusiva responsabilidade de seus organizadores. Foi realizado o Depósito Legal na Fundação Biblioteca Nacional, de acordo com as Leis nos 10.994, de 14/12/2004, e 12.192, de 14/01/2010.

Catalogação na Fonte
Elaborado por: Josefina A. S. Guedes
Bibliotecária CRB 9/870

S698s 2023	Sonhando com um lindo amanhecer / Padre Rômulo Remígio Viana (org.). – 1. ed. – Curitiba : Appris, 2023. 106 p. ; 21 cm. ISBN 978-65-250-4508-5 1. Igreja católica. 2. Pobres. 3. Problemas sociais. I. Viana, Rômulo Remígio. I. Título. CDD – 261.83

Editora e Livraria Appris Ltda.
Av. Manoel Ribas, 2265 – Mercês
Curitiba/PR – CEP: 80810-002
Tel. (41) 3156 - 4731
www.editoraappris.com.br

Printed in Brazil
Impresso no Brasil

Padre Rômulo Remígio Viana
(Organizador)

SONHANDO COM UM LINDO AMANHECER

FICHA TÉCNICA

EDITORIAL
Augusto Vidal de Andrade Coelho
Sara C. de Andrade Coelho

COMITÊ EDITORIAL
Marli Caetano
Andréa Barbosa Gouveia (UFPR)
Jacques de Lima Ferreira (UP)
Marilda Aparecida Behrens (PUCPR)
Ana El Achkar (UNIVERSO/RJ)
Conrado Moreira Mendes (PUC-MG)
Eliete Correia dos Santos (UEPB)
Fabiano Santos (UERJ/IESP)
Francinete Fernandes de Sousa (UEPB)
Francisco Carlos Duarte (PUCPR)
Francisco de Assis (Fiam-Faam, SP, Brasil)
Juliana Reichert Assunção Tonelli (UEL)
Maria Aparecida Barbosa (USP)
Maria Helena Zamora (PUC-Rio)
Maria Margarida de Andrade (Umack)
Roque Ismael da Costa Güllich (UFFS)
Toni Reis (UFPR)
Valdomiro de Oliveira (UFPR)
Valério Brusamolin (IFPR)

SUPERVISOR DA PRODUÇÃO
Renata Cristina Lopes Miccelli

PRODUÇÃO EDITORIAL
William Rodrigues

REVISÃO
Camila Dias Manoel

DIAGRAMAÇÃO
Renata C. L. Miccelli

CAPA
Julie Lopes

Anne Depweg (Júlia),

irmã de Notre Dame de Namur;

Istefânio da Silva Barbosa,

animador da Paróquia Nossa Senhora da Guia em Queimadas/PB;

Maria Aparecida Avelino,

animadora da Paróquia de Santana em Soledade/PB;

Neném Cadena (in memoriam),

uma querida paroquiana de Aroeiras/PB;

Valdemar Gomes da Silva,

animador da Paróquia Nossa Senhora da Guia em Queimadas/PB.

APRESENTAÇÃO

- Igreja, abre as portas da esperança: ela brilhará como um sol de verão. Abre bem as portas da confiança: ela vencerá a dúvida, a desconfiança e a vergonha de existir.

Escancara as portas da alegria e a oração comunitária será celebração de uma festa sem fim. [...]

- Igreja, sê terra de reconciliação.

Não deixarás mais, nunca mais, Cristo dilacerado, jazendo à beira da estrada.

Então a divisão dos cristãos, em diferentes confissões, já não será tolerável. [...] A reconciliação visível entre os cristãos já não admite adiamento. Reconciliar-se, não para ser mais fortes contra quem quer que seja, mas essencialmente para ser fermento de paz e de confiança entre todas as nações do mundo. [...]

- Igreja, sê terra de simplicidade.

É preciso tão pouco para acolher. Os meios muito simples revigoram uma comunhão. Os meios fortes assustam e dilaceram a universalidade do apelo de Cristo.... Se, mais do que nunca, organismos e administrações da Igreja deixassem o seu ministério ser transfigurado pelo fogo irreprimível de um coração pastoral...

Longe de acumular, ousa partilhar. A Fé, a confiança em Deus, pressupõe correr riscos. [...]

- Igreja, sê terra de partilha para seres também terra de paz.

(Frère Roger, abade de Taizé)

É assim que desejo começar este livro!

Não tem como ser diferente, porque era assim que pensava Dom Luís Fernandes!

Caríssimas leitoras e leitores, em suas mãos está uma diversidade de artigos que foram publicados nos jornais semanais de Campina Grande no período em que Dom Luís foi bispo católico nessas terras. São algumas das muitas e muitas publicações que produzia e que contribuíram para dar visibilidade à Igreja que está no Planalto da Borborema.

O último bloco compõe-se de textos bem mais antigos, também encontrados nos meus arquivos pessoais. Foram escritos pelo então Padre Luís Fernandes sobre a Ação Católica e os Cristãos Leigos. Textos produzidos durante os intervalos das sessões do Concílio Ecumênico Vaticano II.

Nos textos que manusearemos a seguir, Dom Luís esteve atento e chamou-nos atenção à alteridade, alertou-nos sobre a nossa responsabilidade para com todas as pessoas, sobretudo os marginalizados, com a justiça social.

Dom Luís Fernandes mostrou-nos que o chão da nossa vida — este mundo — é o lugar de Deus e que é neste chão que Deus faz história. Exortou-nos a perceber que nós devemos ir até o irmão que sofre, a descobrir os caminhos possíveis para que demos um passo adiante, superando essa situação antivida. Lembrou-nos de que, no encontro com o outro — tantas vezes, diferente de nós —, somos provocados a mudar o nosso olhar, o pensar e as nossas atitudes.

Em todos os momentos, Dom Luís Fernandes fez bom uso de todas as oportunidades para proclamar um Evangelho que modelasse novos tempos nos quais Deus é apresentado com um rosto misericordioso, compassivo, terno e amoroso.

Padre Rômulo Remígio Viana

Organizador

SUMÁRIO

SÃO FRANCISCO, DOM HÉLDER E SÃO OSCAR ROMERO

O POVORELLO 12

DOM HÉLDER 14

SOBRE O ASSASSINATO DE DOM OSCAR ROMERO 16

EVANGELIZAR E LIBERTAR

A PALAVRA DO PAPA (I) 20

A PALAVRA DO PAPA (II): EVANGELIZAÇÃO E LIBERTAÇÃO 22

A PALAVRA DO PAPA (III): A SERVIÇO DOS POBRES 24

A GRANDE TAREFA 27

CATEQUIZAR 29

NO TEMPO DE JK 31

A QUESTÃO ESTÁ COLOCADA 33

ANEMIA NA FÉ

MISSÕES 38

AS NOVAS "MISSÕES" 41

SEM CAIR NO ROMANTISMO...

EDUCAÇÃO E FRATERNIDADE 44

AULAS DE RELIGIÃO? (I) 46

AULAS DE RELIGIÃO? (II) 48

DEUS NA ESCOLA 50

LIMITES DA ESCOLA 52

POR UMA ESCOLA MELHOR 54

QUANTO PIOR, MELHOR 56

OS MERCADORES DE CURRAIS ELEITORAIS E A FÉ

FÉ E POLÍTICA 60

EDUCAÇÃO POLÍTICA 62

SALVAR A VIDA

A "POLÍTICA" DO PAPA 66

BRIGA DIFÍCIL 68

A LUTA DE CLASSES 70

O PROBLEMA DO TRABALHO 72

PRIMAZIA DO TRABALHO 74

SALVAR A VIDA 77

O HOMEM E O TRABALHO 79

A CONDIÇÃO DA MULHER 81

TRABALHO E CAPITAL 83

O PROBLEMA SOCIAL 85

TEOLOGIA DO TRABALHO 88

A QUESTÃO DA MORADIA

VIDA DIFÍCIL 92

A NOVA CAMPINA 94

TEXTOS ESCRITOS PELO PADRE LUÍS FERNANDES

A AÇÃO CATÓLICA 98

A HORA DOS LEIGOS 101

AS FUNÇÕES DO LEIGO 104

SÃO FRANCISCO, DOM HÉLDER E SÃO OSCAR ROMERO

O POVORELLO

Estranhara o bispo de Assis a excessiva pobreza em que viviam Francisco e seus companheiros, e até reclamara de andarem esmolando tantos moços válidos que bem podiam produzir muito e angariar recursos abundantes. O filho de Bernardone sabia, por experiência própria, quanto "é difícil possuir qualquer coisa e ao mesmo tempo permanecer amigo de todos os homens, sobretudo amigo de Jesus Cristo". A resposta não tardou: "Senhor bispo, se começamos a possuir algumas coisas, logo vamos precisar de armar-nos para defendê-las!".

A lenda, por vezes, é mais fidedigna do que a história. A humana fantasia se revela mais ágil e mais apta para rastrear a escalada dos gênios e as peripécias dos santos. A prosaica observação cotidiana ou mesmo a pesquisa fria das ciências não chegam a surpreender tais segredos mais sutis. Contam-se tantas coisas sobre a figura legendária do Povorello. Fica até difícil discernir o que teria sido e o que imaginado. Não faz mal. Nos retalhos históricos, como no anedotário ilimitado, reflete-se a imagem imperecível do santo. São formas igualmente legítimas de perpetuar sua mensagem incomum.

Oito séculos quase são passados sobre o túmulo do Pobrezinho. Legiões de almas sensibilizadas pela sedução de sua personalidade singular já ensaiaram pisar em suas pegadas, perfazer os seus caminhos. Muita tinta jorrou, muito papel se escreveu, bibliotecas inteiras, em torno do fenômeno, na meditação de suas lições. E hoje mais que antes permanece viva e cintilante a estrela de Assis.

O mais extraordinário desse humilde mendigo estaria exatamente na procura do puro e simples Evangelho de Cristo, sem acréscimos nem comentários, na radicalidade de seu espírito, na originalidade inconfundível de seus valores. Francisco não quis ser outra coisa senão um modestíssimo seguidor do Filho do Carpinteiro. Um fiel que tomasse a sério a doutrina e o exemplo do Divino Mestre. E terminaria sendo, no dizer de Renan, "o único cristão perfeito, desde Jesus".

"Foi um homem de fronteiras, como se diria hoje, e por isso exerce ainda uma grande fascinação, mesmo juto aos que estão longe"[1]. Em meio à nossa civilização do consumo e do desperdício, no frenesi de possuir e de acumular sem limites, às expensas das multidões marginalizadas, chega-nos oportuna, renascendo por toda parte, a mística franciscana. Vivemos a idolatria da riqueza, a corrida desenfreada do lucro. Não só os indivíduos, mas as nações se deixam alucinar pelo feitiço de Mamon, deus voraz, verdadeiro Moloch, a quem tudo se sacrifica. O homem mesmo é a maior vítima, consumido em corpo e alma, aniquilado em imolações coletivas.

Ou então já é a apoteose da matéria, no delírio do prazer, transformado em novo ídolo. A sociedade consumista é também perdulária das melhores energias, desgastadas nas orgias inconsequentes. Está na hora de lembrar que não somos apenas animais consumidores e que temos superiores destinos. É tempo de introduzir um suplemento de alma, uma chama de espírito, nessa massa agigantada, hipertrofiada, e que ameaça apodrecer. E redescobrir a inocência perdida, a singeleza das origens, a simplicidade do humano viver.

Da colina de Assis, debruçada sobre os verdes vales da Úmbria, emana sempre um apelo, uma convocação. Um jovem rico, ferido por um raio de luz testemunha perante os séculos a beleza do essencial, a caducidade da glória e das humanas vaidades. Testemunha também as radicais exigências do amor. Irmão universal, o cantor da natureza e da pequenez, elucida a gênese do nosso desamor e de nossa violência. "Difícil possuir qualquer coisa e permanecer amigo de todos...". Só o coração pobre é capaz de amar: na mesma medida em que se despoja, consegue dar-se todo inteiro, e acolher sem reservas a presença do irmão. "Se começamos a possuir algumas coisas, logo vamos precisar de armar-nos...". Genial intuição: na raiz de todas as nossas agressividades, está o sentido de posse. E toda a moderna beligerância, o armamentismo enlouquecido provém da ganância e da avareza. Enquanto se adorar o bezerro de ouro, não haverá paz entre os homens.

---

[1] João Paulo II.

DOM HÉLDER

A imprensa nacional e internacional comenta, com insistência, a própria renúncia de Dom Hélder à Sé de Olinda e Recife. Estão cumpridos os prazos fatais recentemente ensaiados pela Igreja e agora definitivamente estatuídos pelo Novo Direito Canônico. Completos os setenta e cinco anos, todo prelado se obrigou a entregar o seu posto à autoridade suprema. O mesmo acontece com os párocos, pela nova legislação[2].

Multiplicam-se, então, as indagações sobre o futuro da Igreja do Recife, como sobre a nova situação do grande pastor. A Santa Sé resguarda para si a discrição total, o segredo pontifício, no que toca às nomeações episcopais, tanto mais quando se trata de um ponto estratégico. A velha Sé de Olinda não é apenas carregada de História, mas continua ocupando posição de natural relevo e liderança na caminhada do Nordeste, de muita significação para a Igreja no Brasil. De Dom Vital a Dom Hélder, há muito o que se contar.

O novo tempo da vida de Dom Hélder não é difícil de se adivinhar. Retirando-se da gestão direta de uma Arquidiocese, não se retira da linha de frente da sua missão apostólica. Com o passar dos anos, ele conseguiu ampliar à medida do mundo o seu auditório multiforme, o seu espaço missionário. Desde muito tempo para cá, Dom Hélder nunca logrou dar conta de todas as solicitações e convites que lhe chegam de todas as partes para os mais diversificados papéis. Embaraçoso foi sempre ter de escolher as tarefas prioritárias em meio a tantos apelos. De agora em diante, podemos imaginar, liberado dos embargos diocesanos, solto e livre, bem ao seu feitio inquieto, muito melhor poderá testemunhar e profetizar, através do planeta, como verdadeiro *globe-trotter* do Reino.

Dizem as escrituras que um povo sem profeta terá de perecer, fatalmente. Ainda bem – estes nossos tempos conturbados contam

---

[2] Código do Direito Canônico (Can. 358 § 3).

missões proféticas, inconfundíveis, como essa de Dom Hélder. O mesmo Espírito que o ilumina, inflama e conduz é que está despertando nos corações de seus ouvintes, nas enormes plateias, ânsia de escutá-lo, o gosto de segui-lo. Gostaremos de vê-lo, ainda por muitos anos, peregrinando terras distantes, levando a todos a grande mensagem.

A estas alturas, porém, Dom Hélder não tem apenas palavras inflamadas, intuições felizes. Ao final de tantos caminhos percorridos, já pode testemunhar do muito que viveu e sofreu, do que tentou em mil experiências e realizou aqui e alhures. Nada melhor que documentar com gestos as afirmações dos discursos. Dom Hélder é o homem dos gestos, tanto por ser aquele "gesticulador" famoso, incontido, exuberante, como pela capacidade criadora e o arrojo das iniciativas bonitas.

A história da Igreja, neste século, já inscreveu o seu nome em letras graúdas. A Igreja universal, a Igreja no Brasil. Dificilmente se encontrará um Bispo Católico que haja atingido a nomeada do "padrezinho" cearense. Aqueles que acompanharam de perto sabem muito o que representou a situação dele no Concílio Vaticano II. O articulador incomparável. O pioneiro de todas as grandes causas.

Em nível continental, quantas missões desempenhou? Sobretudo, ficará para a memória de todos a parte decisiva que teve na formação e instituição do Conselho Episcopal Latino-Americano, do qual foi o primeiro Secretário-Geral. Assim como foi obra dele, de sua lucidez e ousadia costumeiras, a criação da Conferência Nacional dos Bispos do Brasil (CNBB).

Restam, entretanto, as numerosas interrogações sobre a herança de Dom Hélder. Muitos pensam que o recesso do famoso Arcebispo sinalizaria o começo do fim do período heroico da Igreja no Brasil. Superados os conflitos mais agudos com o regime decadente, estaríamos para entrar numa nova fase de acomodação mais que de diálogo, de cumplicidades mais que de nobre colaboração. Deus não o permita: estaria para extinguir-se aquela chama profética que incendiou o carismático apóstolo do Novo Mundo.

SOBRE O ASSASSINATO DE DOM OSCAR ROMERO

Aos 02 de abril de 1980

Exmo. Sr.

Mons. Rivera Damas Santiago de Maria

El Salvador

Caríssimo Rivera Damas:

Paz e alegria no Senhor!

Sinto-me em falta com você. Devo-lhe, há muito tempo, uma longa carta fraterna. Na verdade, precisava retomar os nossos contatos de vários anos atrás, quando ainda tínhamos vez no famigerado CELAM (eu, pelo menos já não tenho mais). Depois daqueles tempos idos, não mais nos encontramos, sequer por carta. Garanto-lhe, porém, que o recordo, sempre, com muito carinho. Quanta coisa tem acontecido em nossa Igreja, nesse período singular!

Meu caro irmão: aquela saudade das convivências amigas aos poucos se transformou numa viva preocupação com o agravamento da situação do seu martirizado povo. Dia a dia estivemos aqui seguindo os desdobramentos da crise de sua pátria. Ainda na primeira quinzena de fevereiro, em nossa Assembleia Geral, escutamos com angústia o relato de D. Aloísio Lorscheider: ele acabava de visitar o Centro-América, especialmente Nicarágua e El Salvador. Não sei se entrevistou a você. D. Aloísio trazia o coração confrangido e o seu depoimento emocionou o episcopado.

Afinal, dia 25 passado, fui acordado por alguém que me comunicava triste: "Mataram Mons. Romero!"... Não sei se você tem a exata ideia do abalo que a tragédia provocou entre nós. São incalculáveis as repercussões. Domingo passado, depois de minha missa (televisada), toda ela dedicada a Mons. Romero, um advogado vem me dizer: "A bala que matou a Mons. Romero eliminou de vez todas as minhas dúvidas sobre o papel da Igreja dentro da nossa realidade". O fato atingiu muito as nossas comunidades de base: elas já vão se acostumando a invocar "santo" Oscar, mártir da nossa caminhada... Os pronunciamentos do santo Arcebispo começam a ser amplamente difundidos, sobretudo aquelas suas palavras proféticas. Temos meditado muito sobre tudo isto. E nos confortamos em nossas provações, que não são poucas também. Se é verdade que o martírio é carisma especialíssimo, fica evidenciado que o Espírito de Deus quis dar uma especialíssima confirmação à grande opção da Igreja da América Latina, tão bem encarnada nessa figura de pastor.

Aqui estou, querido irmão, depois de tanto tempo. Queria redimir-me da minha falta passada... nesta Semana de misericórdia e de perdão, reatando as nossas relações (que, na verdade, sempre foram bem profundas!). Queria trazer a você e aos irmãos sofridos o testemunho da nossa solidariedade sincera e calorosa. Já sabe como estamos vivendo intensamente ao lado de vocês tanto o sacrifício do seu mártir como a tragédia do seu povo. Por consequência, queria também oferecer-lhe o nosso modesto apoio. Evidentemente, esta nossa comunhão fraterna no sofrimento e na oração já tem o seu valor. Gostaríamos, porém, de poder significar em qualquer atitude ou gesto mais palpável a nossa partilha com vocês. Então, nos sentiríamos felizes se você nos dissesse que tipo de colaboração se faz mais necessária e urgente. Qualquer coisa sempre poderemos fazer — e com muita consolação para nós mesmos.

Aguardo sua pronta resposta, com os votos de que resplandeça logo sobre o seu povo uma linda manhã de ressurreição.

Mui fraternalmente,

Luís Gonzaga Fernandes

EVANGELIZAR E LIBERTAR

A PALAVRA DO PAPA (I)

Estivemos em Roma, em dias passados. Qualquer bispo católico, de cinco em cinco anos, faz o possível para comparecer à Cidade Eterna, *"ad limina Apostolorum"*, para "ver Pedro" e encontrar-se com a administração central da Igreja. Juntamente com outros irmãos Pastores católicos desta região, procuramos cumprir esse grato dever, mais uma vez. Encontramos com o Santo Padre, visitamos as grandes basílicas da cristandade, celebramos nas catacumbas dos mártires.

O melhor, certamente, foram os momentos de prece junto ao túmulo de João XXIII, sob a cripta de San Pietro, ou junto ao túmulo de São Francisco, ali perto, em Assis. Inesquecíveis também os momentos vividos com João Paulo II, na audiência privada, na reunião formal com o inteiro grupo, na concelebração piedosa na capelinha do Papa, ou, enfim, no gostoso almoço à mesa pontifícia. Mais gostoso, a bem dizer, pela palestra franca e descontraída do que pelas iguarias da cidade do Vaticano.

O Papa gosta, de fato, de conversa. Pergunta muito. Recolhe atentamente cada palavra da gente. Interessa-se, com sinceridade, pelas situações de nosso povo. Tenta, quanto possível, dar a resposta exata às nossas indagações. Igual procedimento vem adotando para os demais grupos do episcopado brasileiro que, neste ano, se tem sucedido em Roma. No diálogo com seus irmãos, a quem deve confirmar, o Pontífice busca abrir-se, com muita franqueza, e tenta acolher as angústias e dificuldades dos companheiros de missão apostólica.

Os Bispos do Ceará e do Maranhão estiveram por lá, imediatamente antes de nós. Ao iniciar solene concelebração, o Papa dizia palavras que soam muito próximas de cada um de nós. Querendo ilustrar um pouco esses eventos maiores, vamos recolher dois ou três tópicos principais de seus pronunciamentos:

1. "O Povo de Deus de que são pastores, naquela porção da Igreja que está confiada aos seus cuidados, sofre a fome de pão e, ao mesmo tempo, sente uma grande fome de Deus!". O Nordeste é um desafio para todo o Brasil, como dizia o Documento publicado no ano passado pela Conferência dos Bispos de seu país. Mais, já tive a ocasião de dizer o mesmo, quando frisava que situações semelhantes são um desafio não só para o Brasil, mas também para todos os povos e sociedades que vivem na abundância.[3]

2. "O Concílio Vaticano II proclama que é missão da Igreja empenhar-se, em toda parte, por condições 'mais humanas' de vida; aplicar-lhe na promoção da justiça. Deste mesmo problema se ocupou o Sínodo dos Bispos de 1971, cujo tema foi profundamente o problema da justiça no mundo. Impõe-se denunciar as situações injustas e evidenciar esforços no sentido de modificá-las; para promover o bem comum. É necessário ainda um esforço sério no sentido de se conseguir a conversão do coração daqueles que têm responsabilidades, que exercem o poder ou possuem riquezas e meios".

Isto é particularmente atual para os senhores, dado que os "pobres" de suas Regiões depositam uma grande confiança na Igreja. A fome de pão anda de par com a fome de Deus. Ela anda junto com a fome da Palavra de Deus e com a fome dos Sacramentos; disto se pode ver uma indicação no apostolado autêntico dos leigos, que se manifesta, entre outras coisas, nas numerosas "comunidades eclesiais de base" (Cebs). Na fidelidade ao espírito da Exortação Apostólica *Evangelii Nuntiandi*[4], dada a escassez de Sacerdotes, os mesmos leigos podem tornar-se animadores dos encontros de caráter litúrgico e de evangelização.

Vamos tentar alguns destaques apenas sobre palavras por demais oportunas do Pastor que está em Roma.

---

[3] Mensagem do Papa João Paulo II por ocasião do Dia Mundial da Paz (1984, n.º 3), Homilia em Edmonton, Canadá, 17.09.1984.

[4] Exortação Apostólica Evangelii Nuntiandi nº 58

A PALAVRA DO PAPA (II):
EVANGELIZAÇÃO E LIBERTAÇÃO

Estamos tentando recolher os momentos mais felizes dos sucessivos encontros com o Santo Padre, por ocasião de nossa recente visita a Roma. Já nos referimos ao pequeno discurso por ele proferido, quando recebia os Bispos do Ceará e Maranhão, para uma concelebração em sua capela particular. Entre outras, dizia o Papa:

"É preciso empenhar-se com ardor para que a fome de Deus — quão ditosa é essa fome de Deus! — seja satisfeita. Ao mesmo tempo, devem empregar-se esforços adequados para que seja saciada também a 'fome de pão'. É preciso, pois, despertar as consciências, à luz da parábola do homem rico e do pobre Lázaro[5]. É necessário igualmente aplicar-se, de modo sistemático, no sentido da mudança das situações injustas, para se processarem as transformações adequadas, que correspondam ao Evangelho e à Doutrina Social da Igreja. Sem ódio nem violência, mas nunca se omitindo quanto à apresentação clara das exigências da justiça social e quanto à criação de um clima favorável para a sua coerente realização".

Mais claramente ainda, na demorada reunião que manteve com aquele mesmo grupo de Bispos, o Papa foi longe no desdobrar do palpitante assunto: fome de Deus versus fome de pão. Começou ele mesmo levantando a "inquietante interrogação":

"Como evangelizar populações imensas, tão pobres e compartilhar as angústias nascidas de sua pobreza, que reveste na vida real feições concretíssimas, nas quais deveríamos reconhecer as feições sofredoras do Cristo? Como edificar a Igreja, com a característica que a distingue de sinal e salvaguarda da dimensão transcendente da pessoa humana, e promotora de sua dignidade integral, com estas 'pedras vivas', quando sua pobreza não é somente, muitas vezes, etapa casual de situações inelutáveis, em consequência de fatores

---

[5] Lucas 16, 19.

da natureza, mas também produto de determinadas estruturas econômicas, sociais e políticas?".

Assim está colocada pelo próprio Pastor de Roma a disputada questão, situando a relação inapelável entre a evangelização e a libertação humana. Pergunta ele, repetidamente, "Como evangelizar?" Ou "Como edificar a Igreja?" Como se poderia, coerentemente, anunciar um "Reino" definitivo da dignidade do homem, ficando indiferentes ao seu aviltamento permanente. Como se poderia pretender construir Igreja, "sinal da salvação", desconhecendo-se a condenação em que vivem milhões de pessoas humanas. As próprias perguntas já significam uma posição a ser tomada.

Naquele discurso anterior, a que nos referimos da vez passada o Santo Padre dera o destaque devido ao compromisso com a mudança social: "aplicar-se de modo sistemático no sentido da mudança das situações injustas"... "nunca se omitindo quanto à apresentação clara das exigências da justiça social". Aí está sua primeira resposta. Dentro de um sistema iníquo, só mesmo um esforço sistemático para a sua transformação. Do contrário, já nos comprometemos pelo silêncio, e já viciamos os próprios gestos de amor que pretendemos fazer.

E, contudo, não podemos jamais esquecer as práticas de caridade: A Igreja renegaria algo da sua história e quebraria uma tradição ininterrupta, se deixasse de exercer a caridade e a assistência concretamente, desdiria a glória de suas instituições e a heroicidade de muitos de seus santos, tanto mais, lembra o Pontífice, quando essas iniciativas do amor podem contribuir eficazmente para a promoção e educação da sensibilidade dos homens... podem servir para reconciliá-los e fazer convergir as boas vontades, na participação e comunhão do empenho pelo restabelecimento da justiça para todos e da fraternidade entre todos, numa só família humana.

A PALAVRA DO PAPA (III):
A SERVIÇO DOS POBRES

"Centrado na bem-aventurança dos 'pobres' e dos 'operadores da paz', o trabalho pastoral"...

Retomamos as palavras de João Paulo II, em seus pronunciamentos a nós dirigidos, bispos brasileiros em visita a Roma. Ao longo de seus discursos, desfilam os grandes temas de nossa ação pastoral, os princípios norteadores de nossa ação apostólica. Na sua alocução de 16 de setembro passado, ele resumia os pontos básicos desse programa:

"Centrado na bem-aventurança dos 'pobres' e dos 'operadores da paz', o trabalho apostólico saberá encontrar e suscitar amplas expressões de serviço aos irmãos, dentro da 'opção preferencial pelos pobres', selada em Puebla com um 'compromisso' dos pastores que estão na América Latina, sem nunca se obscurecerem as exigências do Corpo místico: 'Quem em sua evangelização excluísse um só homem de seu amor não possuiria o Espírito de Cristo'"[6].

Dificilmente se poderia definir melhor a linha diretiva de nossa caminhada pastoral. Não deixa de ser sumamente confortador para os denodados pastores destes trópicos receber tal confirmação do sucessor de Pedro. E o Papa não ficou em generalidades. Em termos muito concretos, procurou esboçar o perfil desses destinatários primeiros de nosso serviço apostólico: "a multidão de pobres", em suas próprias palavras. E os descreve, seguidamente:

"Pobres, porque realmente em condições de necessidade que suscitam espontânea compaixão"[7];

"Pobres, porque não são ouvidos por ninguém e se veem forçados a escutar sempre os demais"[8];

---

[6] Conferência Episcopal Latino-Americana de Puebla, n.º 205.
[7] *Cf.* Mateus 6, 31.
[8] *Cf.* Ecl. 9,16; Dt 1, 17.

"Pobres, por sós sem terem alguém que os ajude a encontrar a salvação para a paralisia"[9];

"Pobres, porque jovens, sem experiência e carecidos de orientação e de perspectivas para o seu desejo forte e generoso de entrar na vida, de vencer e servir"[10];

"Pobres, porque dominados pelo desamor e pelo ódio; e não há dominador que mais escravize e avilte"[11];

"Pobres, porque enfim, longe de Deus que é Amor[12], longe da Verdade que os torne livres"[13].

E completa o Papa: "Todos esses são os pobres a evangelizar, a ajudar a se tornarem os pobres das Bem-aventuranças; também para eles o Senhor deixou indicado um caminho de felicidade, de fraternidade e de paz: 'buscai primeiro o Reino de Deus e a sua justiça'. A nós compete ajudá-los a prosseguir essa busca..."[14].

"A nós compete...", como operadores da paz... Pouco antes, o Santo Padre havia advertido para as expectativas muito grandes que sobre nós recaem, queiramos ou não. "Os seus diocesanos os procuram para tudo (*sic*), para encontrar solução para os problemas mais diversos: ajuda material e econômica, emprego, transferência, melhoria de situação e de salário, internamento no hospital, matrícula na escola... Ao ler e ouvir isso, vem-me à mente a compaixão de Cristo pelo povo, referido por Marcos"[15].

"A nós compete..." especialmente evangelizar as consciências, provocar as verdadeiras conversões dos corações e das estruturas de vida: "Os povos e os grupos humanos, em geral, para poderem progredir, gradual e eficazmente, e não apenas satisfazer as imediatas necessidades vitais, precisam de solidariedade, para chegarem à

---

[9] *Cf.* Jo 5, 7 ss.
[10] Mateus 9, 16.
[11] 1 Jo 3, 7 ss.
[12] 1 Jo 4, 8.
[13] Jo 8, 32.
[14] Conferência Episcopal Latino-Americana de Puebla.
[15] Mc 6, 13.

indispensável e duradora transformação das estruturas da vida econômica. Mas não se apresenta fácil avançar pelo caminho escarpado dessa transformação, se não intervier uma verdadeira conversão das mentes, das vontades e dos corações..."[16].

E finaliza, magistralmente: "Os pobres querem as certezas da esperança que não desilude"[17].

---

[16] Conferência Episcopal Latino-Americana de Puebla.
[17] *Idem.*

A GRANDE TAREFA

A Igreja Católica, no Brasil, em solene Assembleia do Episcopado, redefiniu suas Diretrizes Gerais para o próximo quadriênio: Linhas e dimensões básicas, destaques e prioridades, sobretudo, o objetivo global. Este, como peça primeira, se enuncia, um tanto prolixo, nos seguintes termos:

"Evangelizar o povo brasileiro, em processo de transformação socioeconômica e cultural, a partir da verdade sobre Jesus Cristo, a Igreja e o Homem, à luz da opção preferencial pelos pobres, pela libertação integral do Homem, numa crescente participação e comunhão, visando à construção de uma sociedade justa e fraterna, anunciando assim o Reino definitivo".

Logo à primeira vista, já se percebe que o texto se ressente de certo peso e enfado do estilo clerical. A obsessão dogmática, em vez de esclarecer, complica e confunde. De toda maneira, permanecem suficientemente claras, em grandes rasgos, as preocupações maiores em torno das quais se concentrarão as atividades pastorais, nos anos que vêm. E o que basta.

Aí está um verbo principal, comandando tudo: "evangelizar"... Tudo mais são detalhamentos, adjetivações circunstanciais, modulações, do tema único, essencial. Está dito e enfatizado que a Igreja, em nossa terra, não quer outra coisa, em suas múltiplas iniciativas e operações, senão implantar de vez a Boa-Nova na vida e na história de nossa gente. Ora, não deixa de ser sintomática essa redefinição. Depois de tantos séculos de missão apostólica, neste país, como entender que, já no final do milênio, ainda venham os Pastores assentar essa tese por demais sabida e repetida? Seria o caso talvez de se perguntar o que andaram fazendo os antigos padres-mestres, catequistas e pregadores famosos, inúmeros missionários e apóstolos. O que é mesmo que significa essa tomada de posição da CNBB?

Haveremos de reconhecer que aquilo que somos hoje, como cristandade brasileira, devemos primordialmente aos nossos pais na fé, aos semeadores e aos fundadores de Igreja em nossa Pátria. Todos os encômios serão poucos, a gratidão jamais será bastante, para fazer justiça a esses pioneiros do Reino. Em princípio, será de supor que a missão histórica por eles desempenhada teria atingido, dentro das contingências do tempo, o êxito desejável. O Brasil foi evangelizado. E não foram raros os profetas e santos que ilustraram essa façanha.

Faz quinze anos, porém, Medellín nos advertiu de que era chegada a hora de incerteza uma verdadeira reevangelização de todo este continente. A proposta está sendo tomada a sério pelo Episcopado Brasileiro: o grande objetivo de toda a ação pastoral acaba de ser concretizado e resumido na palavra de ordem única. Evangelizar. Ainda uma vez, dois mil anos depois de Jesus, não há outro programa, outra urgência mais urgente. Por quê?

A transformação profunda de nossas vidas pelo fermento evangélico não se faz um só dia, não se perfaz tão depressa. A revolução cristã precisa dispor dos prazos todos da história, até que a massa seja permeada totalmente, até que se transfigure a realidade toda. Não é tarefa superficial divinizar o mundo, levantá-lo de seu peso, soerguê-lo de seus fracassos, purificá-lo de sua iniquidade original. Ademais, estamos diante de um processo em desdobramento, em face de novas realidades e situações emergentes. E tudo precisa ser redimido, cada coisa e cada dia. E nossas heranças bonitas nem sempre correspondem às exigências de agora.

A descoberta do Evangelho e a experiência singular do Cristo devem ser refeitas em cada pessoa e em cada geração. Um perene recomeçar tudo de novo. O Salvador universal respeita a originalidade das criaturas e dos tempos novos e se oferece, sempre de novo, como desafio primeiro, ao homem de todos os tempos, como se fora pela primeira vez. Cabe aos "discípulos" saber reapresentar, indefinidamente, com o mesmo sabor autêntico, com o mesmo calor da fonte, a mensagem imperecível.

CATEQUIZAR

A CNBB vem de encerrar mais uma de suas Assembleias gerais. Cada vez que se reúne o Episcopado nacional, meia centena de problemas se acumulam na pauta dos debates. Uma Igreja tamanha, neste país-continente, não pode esquivar-se a uma série infinda de questões a merecerem a atenção e solicitação dos Pastores. Quando se congrega a Conferência, a primeira dificuldade a superar é precisamente a seleção da matéria a ser tratada.

Neste ano, voltou à consideração dos Bispos, mais uma vez, o momentoso assunto da Catequese. Desde 1980, o estudo se delonga em sucessivas discussões, levando a redações refeitas de documentos sempre inacabados.

Um observador de fora talvez se declare surpreso e até decepcionado com o fato. Afinal, não estariam os nossos líderes espirituais dedicando demasiado tempo e esforço a uma tratação por demais restrita e irrelevante, quando se pensa nos enormes problemas que afligem nosso povo? Afinal, a própria história recente parece ter revelado outras expectativas sobre o papel da Igreja em nossa terra. Seria de se esperar que tão solene conclave eclesiástico se voltasse mais diretamente para os graves desafios que se erguem, nesta hora, diante da consciência nacional. E, contudo, lá estavam nossos prelados remendando catecismos de crianças... Que Igreja é essa?

Há certo engano fundamental nesse tipo de abordagem.

Primeiramente, seguindo a mesma linha de raciocínio, seria o caso de reafirmar que o espaço próprio da Igreja não é outro senão aquele assinalado pelas preocupações religiosas. Não somos sindicato, nem cooperativa, nem partido político. Não somos obra filantrópica, nem academia literária. Ao longo dos tempos, já se fez de tudo isso e mais coisas, à sombra das catedrais. Ainda em nossos dias, multiplicam-se as iniciativas "profanas" dentro das comunidades de fé, quando não suscitadas pelas instâncias superiores da hierarquia. Afinal, esta nossa Igreja não é rebanho de anjinhos passeando sobre as nuvens.

Especializada na fé, competente nas coisas do Espírito, a Igreja tem por missão perene evangelizar. Nunca será demais repeti-lo. Embora não se deva consumir propriamente e elaborar catecismos, sua prioridade essencial é mesmo catequizar. O que talvez não se percebe tão fácil é o alcance todo desse importante ministério. Daí, causar espécie que uma Assembleia geral do Episcopado se debruce, repetidas vezes, sobre a singular matéria.

Quando éramos meninos, nossas catequistas nos faziam decorar as fórmulas consagradas pela tradição católica. As perguntas básicas tinham suas respostas prontas, geralmente em linguagem erudita, assegurando na precisão e rigor dos conceitos a ortodoxia doutrinal. Não tardou muito, já se conveio que a pura memorização não bastaria. Passou-se a dar ênfase à compreensão possível dos conteúdos (quanto mais, melhor) chegando a vez de toda uma geração de cristãos "esclarecidos".

São evidentes as vantagens de uma abundante doutrinação dos fiéis, tornados capazes de justificar suas esperanças. Nem também se pode desconhecer certa necessidade, tradicionalmente inculcada, de se aprender de có uma profissão de fé assim como as mais belas orações da cristandade. Entretanto, algo mais e melhor resta a fazer. Mais importante do que tudo parece a educação do homem novo. Urge preparar o filho de Deus para assumir seu lugar na sua comunidade e no seio da sociedade grande.

No âmbito de uma pastoral mais abrangente, a tarefa primordial é a formação integral da comunidade cristã. Nesse espaço comunitário, nasce e cresce, se nutre e se desdobra o discípulo de Jesus. Ele aprende, vivendo, um novo modo de ser gente, na comunhão com seus irmãos, na responsabilidade múltipla, construindo Igreja e mundo. Nesse processo vital, as coisas se implicam: enquanto se forma uma nova geração de cristãos, nas entranhas da mãe Igreja, consolida-se a própria Igreja e maior vigor e penetração adquire nas estruturas do mundo. Numa ampla catequese comunitária podem incluir-se os ministérios todos e reorientar-se todas as práticas rotineiras da vida eclesial.

NO TEMPO DE JK

Uma das experiências mais curiosas da Igreja no Brasil foi aquela intentada no período de Juscelino. A era Getulina findara (1954). Apenas refeita das rejeições sofridas na república positivista graças a uma convivência amistosa e um diálogo gentil com o Ditador Sorridente, a Igreja, na verdade, ainda não encontrara seu lugar certo no seio da sociedade política.

As propostas proféticas de Júlio Maria ficaram esquecidas no começo do século. Através das primeiras décadas, o que se tentara, de fato, fora uma reconciliação pragmática entre um Estado Laicista e uma Igreja saudosa do poder. Para ser mais justo, talvez o que poderia dizer é que permaneceu firme na mentalidade dos hierarcas a convicção indiscutida de que os dois poderes deveriam associar-se, "para o bem do povo". No fundo, um ideal de cristandade permeia todo discurso religioso da época e condiciona as atitudes mais generosas de notáveis Pastores. O pluralismo moderno efetivamente não é reconhecido. Supõe-se candidamente que, neste Brasil de Santa Cruz, todos são católicos e "quem não crê brasileiro não é" (hino de um Congresso Eucarístico). Se não fora possível colocar o Estado sob tutela eclesiástica, ao menos se conseguiria razoavelmente manter os privilégios e regalias e se alimentava fortemente a aspiração de apossar-se dos centros de decisão, através da formação de lideranças e quadros. As massas ignaras seriam salvas pelas elites esclarecidas. Não existe uma verdadeira pastoral dos pobres. Eles ficam entregues à religiosidade popular, eventualmente atingidos de passagem pelas missões e desobrigas coletivas. No caso mais comum, oferecem freguesia fácil ao avanço do protestantismo, das seitas e terreiros.

Já o Brasil da segunda metade do século apresentava o quadro vistoso de certo embalo de progresso, ao sopro de um desenvolvimentismo festivo. Sob slogans promissores — "Cinquenta anos, em cinco!" —, o país estremeceu com a vontade de crescer, aliciado pelo charme do Presidente JK. A Igreja entraria prazenteira na ciranda, participando diretamente em ousadas iniciativas, julgando encontrar afinal seu processo significativo no processo nacional. "O desenvolvimentismo, diz-nos um dos nossos historiadores, foi a última tentativa da Igreja dentro do Capitalismo brasileiro". O projeto em moda parecia atender a reclamos muito profundos e aquietava, ao mesmo tempo, escrúpulos e temores tradicionais. Ficando ainda dentro do figurino do capitalismo, descartava-se a tentação socialista, mas também se punha cobro ao desenfreado liberalismo econômico, admitindo-se a intervenção estatal. Era bom e doce fazer um Brasil grande, à sombra da cruz, cultivando um gostoso discurso humanista, quando o próprio Papa doutrinava que "o desenvolvimento é o novo nome da Paz"[18].

Com um gesto só, a Igreja ensaiava três alianças pouco duráveis. Com o Estado progressista e "cristão": e Juscelino fala os textos das Encíclicas. Com a burguesia industrial, estimulada a marchar em ritmo de milagre. Com os trabalhadores do campo, levantando a bandeira da Reforma Agrária. A consequência inevitável: a ruptura com a burguesia rural, a velha parceira da velha igreja. Estava claro que a campanha da Reforma Agrária, o incentivo ao sindicalismo Rural e mais o amplo trabalho de conscientização dos camponeses, através do Movimento de Educação de Base, especialmente das Escolas radiofônicas, que se multiplicavam, teria de provocar violenta reação das oligarquias do campo. A prática do famoso projeto iria resultar no contrário da teoria, nem se industrializaria o Nordeste, nem se assentariam 300.000 famílias em terras úmidas, aquém ou além dos trópicos.... Quase tudo se dissiparia como sonhos e ilusões. E o capitalismo selvagem se consolidaria na concentração industrial, na destruição sumária das organizações camponesas, na militarização do Estado, instrumento dócil do poder econômico.

Os padres perderam a graça... acusados de subverter os agricultores e os estudantes das Universidades. Os militantes leigos se dispersaram, sem bandeira, estonteados pelos equívocos e amargo engano de fazer surgir um novo Brasil, por força de um pacto romântico entre os poderosos da terra e os santos do Céu...

---

[18] Paulo VI.

A QUESTÃO ESTÁ COLOCADA

Há cerca de dois meses, percorreu o Brasil e mais alguns países da América Latina o famoso Cardeal Danneels, primaz da Bélgica. Atualmente, é reconhecido como uma das figuras exponenciais do episcopado europeu. Encerrando sua viagem, o eminentíssimo arcebispo de Malines-Bruxelles, em sucessivas entrevistas, passou a tecer comentários extremamente elogiosos à pastoral católica, neste continente. "Se eu estivesse na América Latina, enfatiza o Cardeal belga, sem dúvida nenhuma, eu faria a mesma coisa que aquele pessoal que encontrei lá, na base, e que está prometendo renovar a própria Igreja"... E conclui dramático: "Desencorajá-los seria uma catástrofe!"[19]

Um testemunho desses, como outros tantos, vem demonstrar claramente o enorme interesse que surge hoje, no Velho Mundo, em torno da aventura dos cristãos nestes nossos trópicos. Passou o tempo em que sobre o Brasil e Latino América só se contavam na Europa curiosidades e extravagâncias, ferocidade dos índios, tamanho descomunal das cobras, sem falar nos equívocos mais desastrosos para a nossa geografia, quando transplantavam Buenos Aires para o Brasil ou faziam de São Paulo capital da Argentina...

Em nossos dias, já não se resume nossa celebridade em futebol, carnaval e café. Algo mais passa a acontecer sob esses nossos céus, com significação maior para o resto do mundo. No âmbito de Igreja, especialmente, há fatos novos e iniciativas proféticas suscitando estudo e até preocupação da arte de nossas tradicionais metrópoles culturais e religiosas. A nosso ver, ocorre até certo descompasso nessa matéria. Enquanto continuamos, sem mais, a depender do capitalismo central, humilhados inclusive por dívidas astronômicas, do ponto de vista cultural e eclesial, esboça-se uma promissora descolonização.

---

[19] Cardeal Danneels.

Através de vagaroso processo histórico, a Igreja latino-americana vai assumindo certa identidade, desdobrando seus dotes e carismas, delineando seu perfil. Sem quebra da unidade Católica, antes pelo contrário em busca de dar-lhe o verdadeiro conteúdo, nossa cristandade adquire dia a dia personalidade própria, deixando de ser apenas repetidora automática dos modelos europeus. Desnecessário, aliás, dizer que esse movimento eclesial corresponde à mais legítima vocação das Igrejas, à mais ortodoxa doutrina conciliar do Vaticano II. Já foi por demais dito e confirmado que a Igreja não se identifica com nenhuma cultura particular, e antes se insere em todas, assumindo em cada caso os valores de humanidade e vida. Noutras palavras, o Evangelho universal do Cristo se naturaliza em todas as terras e não é propriedade particular de nenhum povo. Assim, essa caracterização e colorido latino-americano, longe de contrariar qualquer princípio doutrinal, assegura a autenticidade desta floração pastoral em nossas searas.

A opinião pública mundial tem acompanhado ultimamente o debate aberto, em Roma, sobre os caminhos da vida e ação da Igreja entre nós. Três pontos principais aparecem no centro das inquietações romanas: a verdadeira índole desta Igreja nascente (ou renascente), o compromisso político dos cristãos, a reflexão da fé animada pelos nossos teólogos. Levantam-se suspeitas sobre a possível emergência de uma tal "igreja-paralela", ou quanto a uma excessiva "politização" dos fiéis por demais envolvidos um compromisso histórico, ou ainda quanto ao total acerto da construção teológica que se elabora em torno do grande tema da libertação.

A questão está colocada... como falavam os escolásticos, iniciando seus debates acadêmicos. E nada de novo nisso. As instâncias maiores da Cúria fazem seu papel ordinário em procurando elucidar qualquer dúvida em assuntos de tal monta. Interpretando de forma positiva e construtiva essas intervenções, deveremos apreciar e respeitar a contribuição específica que de lá possa vir. Doutro lado, se bem entendemos as coisas, jamais seria propósito da Santa Sé desestimular ou coibir os verdadeiros crescimentos do grande Povo de Deus, nas suas variadas experiências históricas, através do espaço e do tempo. Num sincero diálogo, alto e respeitoso, de ambas as partes, temos a certeza de que só haverá o que se lucrar, nada a se perder, nesta aventura bonita.

ANEMIA NA FÉ

MISSÕES

Neste mês de outubro, a comunidade católica retoma cada ano o eterno problema missionário. Há sempre novos dados e novos fatos para motivação dos fiéis quer a uma reflexão mais profunda, quer a uma jornada de preces, ou ingênuas campanhas a recolher donativos. De pequenos nos acostumamos a guardar selos usados "para as Missões". Pensávamos em barbudos missionários, figuras quase míticas, ou em negrinhos subnutridos e pagãos que nos davam pena. Dizer "Missões" era falar em África e Ásia, em tristes índios remanescentes ou em gelados esquimós. Tudo muito longe de nós, perdido nas distâncias.

Nós éramos, felizmente, a cristandade, por graça de Deus e dos portugueses navegadores.

Ainda hoje, certamente, não é de se menosprezar o enorme desafio da evangelização dos povos. De todos sabido que apenas a quarta parte da humanidade teve acesso à mensagem cristã. Olhemos só para o "mundo chinês", somando com sua periferia cerca de 1 bilhão de pessoas, interiormente à margem do Cristianismo. Quase o mesmo se diga da grande Índia, se não do Continente negro.

Ao mesmo tempo, resta perguntar-nos qual seja o efetivo teor cristão de nosso mundo ocidental. Noutras palavras, o que substituiria de verdade na assim apelidada "civilização ocidental cristã". Sem exageros, há que se reconhecer que Europa e América inteiras são cada vez mais consideradas terras de missão. No que se refere ao continente latino-americano, a Conferência de Medellín já advertia para a necessidade de uma autêntica reevangelização.

Essa, a primeira face do problema missionário. Neste sentido, estamos seguramente ainda no começo da jornada. A cruzada da Boa-Nova, desencadeada por Jesus Cristo, há quase dois mil anos, terá que escalar novos horizontes, repassar os Alpes e os Andes, em repetidos pioneirismos. Essa, a Missão que se poderia chamar de horizontal, como eco das palavras do Senhor: "Ide a toda criatura... até os confins da terra". Dizer a todo homem a "palavra da vida", ou relembrá-la a cristandades falidas, é tarefa indeclinável dos emissários do Messias. Anunciar, de novo e sempre, a chegada do reino de Deus à terra dos homens.

Não menos importante, porém, é a outra missão, que se poderia dizer vertical. O Evangelho não é só anúncio, boa notícia, gratuita e inconsequente. É também desafio e convocação. É semente que germina, aos poucos, no solo da vida. É fermento que precisa da história toda para levedar a massa. É verdade que o Cristo, pelo seu Espírito, conduz seus apóstolos, por mil estradas, até os confins do mundo como arautos incontidos de um pregão universal. Mas é o mesmo Espírito que anima no seio da comunidade cristã constituída um outro processo igualmente heroico e profundo.

Jesus, antes de enviar apóstolos, congregou discípulos. E os desafiou a serem perfeitos como o Pai Celeste e a fazerem como ele próprio fez. Ora, esse aprendizado não se completa nunca e a conversão cristã não se perfaz jamais. Comunidade dos discípulos de Cristo, a Igreja se sente premida a uma constante autoevangelização, em busca de fidelidade sempre maior ao divino apelo.

Uma Igreja que não fizesse tal missão interna, permanente, logo definharia e se corromperia, fatalmente. A missão vertical, de internalização sempre mais profunda dos valores evangélicos no corpo e na alma da comunidade, não é menos urgente e inapelável do que a missão horizontal de expandir a mensagem do Reino.

A partir do Vaticano II, um sangue novo corre nas artérias da cristandade, graças a um retorno à fonte original, à Palavra de Deus. A rigor, nunca faltou esse alimento substancial na vida católica. Entretanto temos que reconhecer certo empobrecimento e anemia na fé em muitos cristãos, por conta do descuido quase generalizado com a reflexão bíblica. Aos poucos, transferiu-se aos clérigos o papel de intérpretes únicos — quase exclusivos — do sagrado depósito. O fiel comum se reduziu à modesta condição de "ouvinte" distraído de prédicas domingueiras. Nestes novos tempos, graças a Deus, se começa a verificar a maravilha que já fez o próprio Jesus exultar: a felicidade com que os pequeninos desvelam os mistérios do Reino.

AS NOVAS "MISSÕES"

Cerca de 15 seminaristas maiores, chegados do Sul do país, acabaram de passar um mês e meio de estágio pastoral em pequenas cidades do interior da Diocese de Campina Grande. Os jovens paranaenses haviam feito uma opção muito especial para as suas férias, neste escaldado verão: conhecer o Nordeste por dentro, penetrar nosso Cariri, ao encontro de nossas populações mais flageladas. Turismo singular, certamente, quando poderiam, no mínimo, escolher nossas praias límpidas e ensolaradas, para seu legítimo lazer de fim de ano.

Não era bem a curtição de águas mornas e de sóis matinais, em nossos trópicos, que eles buscavam. Havia motivos mais altos. Eles queriam sentir na pele este famigerado mundo de cá, pisar o chão quente da seca, condividir na simplicidade o prato magro dos trabalhadores da "emergência". Queriam viver, por seis semanas, este outro Brasil, em sua cruel realidade, em enorme desafio. Uma aprendizagem menos acadêmica, nada livresca, feita de experiência direta e de partilha fraterna, junto a este povo malsinado. Na crônica diária de seus cadernos, melhor ainda, em suas retinas feridas, em sua memória machucada, muita dor e muita aflição das famílias humílimas que os acolheram. Nem faltou a hospitalidade generosa dos pobres, na alegria e o carinho costumeiro.

Essa, a face humana da aventura. Resta, porém, o outro lado da empresa original. Além de provar de perto nosso drama, conhecer de vista nossa condição, os futuros apóstolos queriam também ensaiar um novo estilo de "missão".

As santas "Missões" há muito fazem parte de nossa formação e da vida de nosso povo. Basta pensar em personagens míticas, como a de Frei Damião, ou em figuras celebradas de nossos grandes missionários do século passado. Foram apóstolos e profetas de nossa cristandade, plantando Igrejas ou sacudindo a mediocridade das freguesias decadentes. Por toda parte, ao lado deste Nordeste, se encontram os rastros desses carismáticos. Nosso Ibiapina é dos maiores e mais brilhantes. Seria longo levantar o nome de todos, de tempo em tempo, de região a região, e fazer-lhes a devida justiça histórica.

Na jornada bonita desses moços idealistas, renasce a "missão" em moldes novos, com novos modos e nova pedagogia, mas com os mesmos objetivos de sempre. Tratar-se, com efeito, aqui mais uma vez, de exercer a verdadeira ação missionária, refazendo a Igreja, num despertar de suas energias mais profundas. É pela ação missionária que a Igreja se reinventa em cada povo e em cada idade. Com a mesma identidade essencial, salvando devidamente o "depósito", refloresce o velho tronco em novos rebentos e expressões de vida, com vigor redobrado.

Nesse movimento pastoral, como noutras iniciativas semelhantes, o que temos, afinal, é menos renovação do que restauração. Recupera-se, tenta-se recuperar, uma vitalidade evangélica perdida, o dinamismo eterno da Palavra eficaz, o compromisso efetivo das conversões radicais, a força transformadora das grandes militâncias. O que se procura é uma Igreja renascida em alma e corpo, com forte consciência de si mesma, com sólida estrutura de vida e ação. A tudo isso visa a missão.

O atendimento rotineiro das clientelas cansadas não consegue atingir esses resultados. A costumeira "desobriga" se revela hoje completamente incapaz de provocar mudanças maiores. Urge "missionar", uma vez mais, repondo em termos do hoje as propostas originais, geradoras da autêntica Igreja de Jesus Cristo.

Aos "santos missionários", que sacrificam suas férias ao serviço de nosso Cariri, a gratidão dos nossos pobres. Na reza humilde dos sítios e capelas, os seus nomes serão lembrados ainda por muito tempo.

SEM CAIR NO ROMANTISMO...

EDUCAÇÃO E FRATERNIDADE

Diante de nós, mais uma vez, um complexo vasto de problemas arrolados sob um título abrangente. A Campanha da Fraternidade deste ano quer chamar atenção de todos para uma realidade preocupante e que, de fato, tem dado muito o que falar.

Todos nós nascemos, crescemos e envelhecemos, escutando a reclamação interminável sobre as condições educacionais do Brasil. Tanto tempo se passou, e continuamos ainda em termos humilhantes, quer nas estatísticas do analfabetismo, quer no índice inferior de qualidade de nossa escola. Inferiorizados continuamos, sobretudo, no tratamento dado a toda a Educação, em confronto com outros setores privilegiados pelos investimentos polpudos do Estado. Apesar do discurso generoso, está mais que comprovado pelos fatos que a Educação não chega a ser prioridade nacional. Isto muito nos entristece e deprime, não só em face dos países chamados de desenvolvidos, mas até mesmo perante modestos povos do terceiro Mundo. Vai-nos ficando a amarga impressão — revoltante, por que não dizer? — de que haveria até um capricho grotesco, meio selvagem, um plano sinistro de nos manter nesse subnível, como gado mudo, de fácil domesticação e poucas exigências. Basta ver as dificuldades crescentes, quiçá insuperáveis, do pequeno educandário popular e das cruzadas beneméritas de educação gratuita. Ainda recentemente, fui informado de que a CNEC, nestes últimos anos, teria sido forçada a fechar nada menos de 50 de suas unidades, no país. Realmente desalentador!

Está na hora de clamar e reclamar, mais vezes, pelo direito básico deste nosso povo à educação. Todos têm direito à educação... O grande ideal da fraternidade, da igualdade humana, e da promoção integral continuam sonhos longínquos para a maioria. E a educação é um momento fundamental dessa escalada difícil. Entre os objetivos deste ano está uma mobilização geral em vista de mudar a melancólica situação que se perpetua: continuamos uma nação de analfabetos, de semianalfabetos, de "vítimas" do Mobral. Até quando?

É sabido, porém, que a Escola é apenas um dos espaços educacionais: nem será sequer o mais importante. E a Campanha da Fraternidade assim o entendeu, quando se colocou a questão em seus termos maiores, visando a todo o processo educativo, através das várias instâncias e mecanismos. Mais concretamente, neste ano, estamos pensando na missão da Família, primeiramente. Depois, também — e como não? — no papel iniludível da Igreja, como formadora de consciência e de atitudes. Não podemos deixar de questionar os poderosos Meios de Comunicação Social. Até que ponto essas instituições e instrumentos estão a serviço da fraternidade, ou — pelo contrário — consolidam, reforçam a discriminação e a marginalização.

Gostaria de apreciar a matéria a partir de casa: ou seja, a partir da prática da própria Igreja. Pode até parecer estranho levantar a interrogação a respeito de uma comunidade que teria seu característico exatamente no exercício do amor fraterno ("vede como eles se amam!")... "Nisto conhecerão todos que sois os meus discípulos"... Honestamente, porém, temos que confessar: há muito o que se rever em nosso regime eclesial, no que toca à fraternidade e à formação para a solidariedade efetiva. Resta saber, antes de tudo, em que medida as discriminações sociais persistem nos próprios espaços eclesiais. Resta saber até que ponto a mensagem evangélica permeia, de fato, as estruturas religiosas, criando uma verdadeira comunidade de amor e de partilha. Saber se consegue mesmo a Igreja ser uma autêntica comunidade: comunhão de pessoas e de interesses, em torno de grandes causas comuns. Não continuamos, muitas vezes, na mediocridade espiritual, no individualismo mesquinho, no âmbito estreito do anacrônico, alienante "salva a tua alma"!? A Igreja é eternamente ameaçada de virar seita, enclausurada na beatice; ou perder sua identidade profética, incorporando-se aos sistemas mundanos.

AULAS DE RELIGIÃO? (I)

Gostaríamos de continuar debatendo um pouco o relevante assunto. Quando aceitamos debatê-lo, é porque, de entrada, reconhecemos a existência de opiniões divergentes. Vale a pena refletir sobre a matéria, em geral mais sobre a opção concreta da "aula" de religião em nossas Escolas.

Tempos atrás, abordamos, uma e mais vezes, a mesma questão e andamos argumentando em favor da introdução da prática educativa religiosa na Escola Pública. Na verdade, quando mais pensamos nisso, mais nos convencemos da importância de tal iniciativa. Aliás, para ser breve, se poderia simplesmente lembrar que o Ensino Religioso, no Brasil, é um direito dos alunos, assegurado por lei federal.

Por sinal, sabemos agora de fonte segura que estaria em andamento, em nossa Secretaria Estadual da Educação, o estudo de um projeto regulamentando a matéria no estado da Paraíba. Estamos em muito atraso diante de outras unidades da Federação. Doutro lado, em Campina Grande, já está em processo de implantação uma prática de formação religiosa nas escolas do município, em obediência a decreto já sancionado pelo Sr. Prefeito municipal.

Está assim bem na hora de se discutir, com suficiente largueza e liberdade, a questão proposta.

A primeira pergunta parece-me girar logo em torno do próprio lugar e consequente tratamento a serem concedidos à Religião em nossa Escola. Para ser realistas, admitamos, inicialmente, que existe, nesse campo, certa experiência passada, muito pouco alentado. As velhas gerações podem testemunhar, infelizmente, o desencanto e a frustração que lhes restam do encontro (ou desencontro!) com a matéria religiosa, em suas lides escolares. Estamos cansados de ouvir a queixa universal e a afirmação de que melhor teria sido se não houvera tais medíocres "aulas" de religião, que só servem para gerar a antipatia e aversão dos jovens.

É uma lição amarga, mas preciosa. No mundo religioso, parece haver uma alternativa fatal: ou fazer bem, ou fazer nada! Creio que é sempre assim: as coisas sérias ou são tratadas seriamente, ou se destroem.

Está posta a questão: qual o tratamento adequado a ser dado à Religião na Escola? Mais uma disciplina, sobrecarregando os horários já lotados?

O dispositivo legal já nos ajuda e parece mesmo eloquente, em seu laconismo: a Escola está obrigada a oferecer Religião aos alunos: os alunos são livres em comprometer-se à frequência. Matéria obrigatória. Inscrição facultativa. Muito significativa, sim, para que seja incorporado na instituição e na vida escolar aquilo que está tão arraigado na alma humana (naturalmente religiosa), na alma do povo, visceralmente crente e devoto. Afinal, a Escola está a serviço da pessoa humana e deve ajudá-la a crescer em suas dimensões fundamentais. Ora, exatamente em cada consciência humana, a opção religiosa é gesto inteiramente pessoal, incontrolável. A Escola brasileira tem na lei sua definição religiosa, cada indivíduo, porém, continua assegurado em sua liberdade de consciência.

Nisto vai uma primeira nota preciosa. A Escola deverá dotar-se de uma expressão religiosa de tal qualidade a suscitar uma autêntica experiência espiritual, com a participação efetiva e afetiva de seu alunado, como vivência saudável e gratificante.

Nunca mais, o pesadelo de outros tempos, o enfado das "aulinhas chatas" em final de expediente, inteiramente contraproducentes, odiadas pelos moços de então e agora recordadas com amargura e decepção.

Basta de contrafações. O encontro com Deus terá de ser a experiência mais radical e mais libertadora de toda a nossa humilde existência, neste mundo.

AULAS DE RELIGIÃO? (II)

Como fazer religião na Escola?... Permanece a questão. Aparentemente, se poderia escapar ao desafio, respondendo, simplesmente: não é bem na Escola que se faz a fundamental experiência religiosa. E vai nisto uma razão muito forte que merece acurada consideração.

Com igual acerto, se deverá dizer: não é na Escola que se faz, primeiramente, a tarefa da educação. Ela começa bem antes, bem mais longe. Assim também a formação e a experiência religiosa, por sua natureza, têm de remontar à família e à comunidade e ali plantar raízes. A Escola é complemento. A educação humana se complementa na Escola. Assim também a educação religiosa. Consequência óbvia, irresistível: a Escola só conseguirá realizar seu papel, inestimável embora subsidiário, na medida em que se integrar fortemente com as matrizes básicas da formação, ou seja, com a família e com a comunidade. Do contrário, não teremos jamais verdadeiro crescimento vital, mas apenas um verniz superficial, ilusório, inconsistente.

Entendemos, pois, que a tarefa religiosa da Escola deverá ser planejada e executada com a participação efetiva dos pais dos alunos, e com a colaboração íntima dos líderes e animadores de sua comunidade de fé. E por aí já se poderá reduzir a diferença que vai entre uma aula de matemática e o "ensino" religioso dentro de uma mesma unidade escolar.

Então, é o momento de se perguntar que tipo de "aula" promover para essa singular "disciplina"...

Se queremos levar a sério as coisas sérias, vamos fazer logo uma clara distinção. Uma coisa é apresentar aos alunos uma informação objetiva sobre o fenômeno religioso (um pouco de psicologia da religião, ou da sociologia religiosa, ou da história das religiões etc.). Outra coisa, inteiramente diferente, é propiciar aos jovens um contato efetivo com o mundo religioso, com as realidades da fé. Ora, aquela primeira meta, sem dúvida nenhuma, ser atingida numa boa aula, tal como acontece com qualquer dos outros conteúdos do currículo. Vamos dizer mais. Acreditamos que um bom programa de "Ensino Religioso" nas escolas deva incluir esse item importante, dentro dos limites compreensíveis. É mais que desejável, com efeito, que os moços recebam do "ensino" sistemático esses dados científicos que dificilmente colheriam, em medida satisfatória, fora de classe. Tudo bem.

Se, pelo contrário, se está pensando numa certa experiência religiosa a ser prolongada no espaço escolar, já deveremos atender a muitas outras exigências e a condições muito particulares.

Estamos convencidos, pela própria natureza das coisas, de que a Escola não pode fornecer aos alunos apenas informações de religião. Ela precisa dar à sua população movediça a oportunidade de expressar sua fé, de situá-la nesses novos horizontes, de explicitar-lhe novas dimensões e valores, de vivenciá-la e até de celebrá-la como comunidade escolar.

Confinar-se na outra alternativa parece-nos insustentável, por mais de uma razão. Em primeiro lugar, seria sonegar ao alunado o direito que lhe pertence: expandir sua fé no âmbito da Escola. Depois, isto nos parece igualmente grave, seria apresentar, querendo ou não, uma versão distorcida da própria Religião. Religião é vida; tudo mais é caricatura.

Indo logo às conclusões deste arrazoado, diríamos simplesmente: Religião na Escola não poderá reduzir-se a simples aula. Há que se buscar uma modalidade *sui generis*, mais no modelo das práticas educativas, desde que se pretenda respeitar a verdadeira índole do fenômeno religioso. Estamos plenamente conscientes das várias dificuldades a superar. Encontrar tempo útil e disponível para as atividades formativas. Capacitar pessoal e distribuir tarefas. Coibir os custos. Tudo certo. Lembrariam apenas que não é exatamente com um novo quadro de "professores" de religião que se satisfará a este grande desafio de nossa Escola.

DEUS NA ESCOLA

Está na hora de se cuidar de disciplinamento e normalização do ensino religioso na Escola Pública, na Paraíba. O dispositivo federal aí está aguardando efetivação, ou seja, a regulamentação estadual.

O problema envolve, primeiramente, esse aspecto legal: urge cumprir a lei, convenientemente. Não será isso o mais difícil. Resta o mais delicado e mais significativo: esboçar um modelo adequado em vista de uma ideal consecução dos objetivos. E, mais ainda, a necessária preparação dos meios e recursos humanos, para a concretização melhor possível do modelo.

Vamos falar simples e direto.

O que há de mais fácil, o que mais frequentemente tem acontecido, nesta singular matéria, é o esvaziamento e desmoralização da causa, pela falta de seriedade, ou ao menos de competência, com que se tem abordado a questão. Para dar conta, apressadamente, desse embaraçoso encargo, nada mais tentador do que improvisar uma série de aulas de religião, a serem acomodadas nos currículos e horários superlotados. De saída, sacrifica-se o essencial, sendo improvável qualquer êxito duradouro na tarefa ingrata de ensinar religião.

Se não nos enganamos, o que importa, no final das contas, é dar lugar a Deus também na Escola. Se isto não for conseguido, de nada adianta multiplicar professores e onerar os alunos já assoberbados de deveres escolares. Primeiramente, se haveria de colocar, sinceramente, em pauta a proposta fundamental: deve-se ou não se deve oferecer uma saudável oportunidade aos jovens de fazer uma boa experiência religiosa também no espaço da escola. Esta é a questão. Daí seguirão as consequências óbvias, no que concerne a conteúdos, métodos e recursos educacionais.

Ora, essa mesma proposta já não parece tão óbvia em si, quando começamos a verificar a diversidade de opiniões. É muito corrente o pensamento de que a religião deve apenas entrar na escola como pura e simples informação. Uma informação desinteressada, teoricamente descomprometida, sem pretensão a suscitar qualquer comportamento religioso, tão só como ilustração cultural. Ou também, com o escrúpulo de não interferir na livre opção dos alunos, se daria tão só uma notícia do fato religioso ou das confissões religiosas como dado objetivo e neutro. A tal e bem conhecida preocupação da neutralidade. Já se vê qual a origem desse pudor laicista.

Acontece, porém, que esse tipo de abstencionismo incorre em imediata contradição. É o inevitável, cada vez se trata dos valores transcendentais. Abster-se diante deles já significa tomar posição. Voltamos à sabedoria do Estagiária: se nos definimos, nos comprometemos; se nos recusamos, nos comprometemos. Querer privar o alunado de uma expressão religiosa em sua comunidade escolar e dentro de seu mundo escolar implica uma violenta intervenção contra as prerrogativas do espírito, em flagrante contradição com os postulados liberais.

A lei manda incorporar religião da Escola. A própria índole da religião exige seja assumida como prática pessoal e comunitária. Religião reduzida a notícia ou informe já não é religião, é caricatura que nenhuma confissão séria reconhece.

Por respeito à lei e por respeito à criança, haveremos de encontrar a forma conveniente de abordar Deus na Escola. Não é tarefa medíocre, certamente, como toda ação educativa. Talvez isso mesmo deva antes ser lembrado: a complexidade e a importância da formação do ser humano e de todas as atividades educativas, dentro e fora da Escola. A formação religiosa é somente um aspecto, decisivo, embora, do desenvolvimento integral do educando e é no bojo desse processo amplo e exigente que as dimensões da fé podem encontrar espaço para sua expansão.

LIMITES DA ESCOLA

Com uma boa experiência religiosa, a Escola certamente só terá de lucrar e sairá fortalecida para o desempenho de sua alta responsabilidade. A juventude, por sua vez, tem o direito de encontrar na Escola o mesmo Deus de seu lar e de sua vida, confirmado pelo testemunho dos mestres e pela luz do saber.

Tudo correria muito bem, se cada qual fizesse a contento o seu papel. Estamos insistindo em que a instituição escolar não escape ao seu dever em matéria tão vital e fundamental para o futuro de nossos jovens. Entretanto, teremos de reconhecer que existem limites muito claros para a influência da Escola, não apenas neste aspecto, mas em toda a formação de sua inquieta freguesia. Se é significativa e por vez duradoura essa influência, fatores muito mais poderosos e definitivos antecedem e condicionam a educação escolar, em seu todo.

Antes de tudo, a família. Não vamos cair em romantismos ilusórios, em saudosismos patriarcais, sabendo que nem tudo foi tão lindo nos tempos da casa grande. Não há, porém, como negar a marca singular e mesmo indelével que, de ordinário, resulta da primeira formação infantil, no regaço materno. Costumamos falar, com boa parte de razão, naquela original fé sorvida no leite da mãe, na experiência religiosa vivida no seio do lar, ambiente, impregnado de afetividade e calor humano. Aos olhos, aos ouvidos, ao coração das crianças chegam mensagens de vida, com uma força única, com ressonâncias profundas.

Resta somente uma pergunta: chegam mesmo ainda às nossas crianças as lições primordiais da fé? Aqui está o problema. Estaria a família de hoje em condições de cumprir esse papel magnífico? Para ser inteiramente realistas, vamos concordar em que dificilmente os lares modernos correspondem a essa bonita expectativa. Se considerarmos a situação das massas populares, das grandes áreas suburbanas, o regime de vida do homem comum, do trabalhador da cidade ou dos boias-frias do campo, pior ainda se passamos um pouco pela favela ou pelos mocambos, quais as possibilidades reais, nesses sublares, de um cultivo dos valores e virtudes genuínas da família cristã? Quando se vegeta, tantas vezes, em nível inferior e desumano, como alimentar aspirações e ideais mais sublimes? Doutra parte, se ascendemos na escala social, nada melhora, nesta matéria. O ambiente materialista das mansões mais desajuda que favorece ao desabrochar de uma vida evangélica. Pelo contrário, desde cedo, os meninos são ensinados nos caminhos do egoísmo e do consumismo, aclimatados num mundo falso de futilidade e grandeza vã, despreparados para um sentido grande do viver e do sofrer.

Esvaziados e entediados, desde jovens, pela vida fácil da burguesia ou brutalizados pela crueldade da subvida dos desafortunados, maltratados e deformados por uma ou por outra sorte, esbarram na Escola esses bichinhos indômitos. O que resta de chance para um redirecionamento dessas existências precocemente marcadas é, de fato, muito pouco. A Escola terá sempre função secundária e complementar, sem jamais poder substituir nem suprir satisfatoriamente a lacuna fatal dos lares falidos.

Outro tanto se diga da influência social. A própria família perdeu a hegemonia sobre os seus rebentos, quando os tentáculos da grande sociedade invadem a intimidade das pessoas e dos grupos humanos. Muito cedo, os pais já se dão conta de que filhinho e filhinha não seguem mais docilmente os seus conselhos, nem sequer gostam mais de escutá-los. E as ideias, os juízos de valor, os modos e as modas, a filosofia de vida, enfim, vêm hauridos noutras fontes muito estranhas. Se papai, se mamãe não têm vez nem voz, tanto menos a humilde mestra ou catequista do grupo escolar.

A educação toda, inclusive a educação da fé, faz apelo a uma conjugação de forças, a uma conspiração de fatores, com desigual importância, mas todos necessários para a obtenção de tão sublime resultado.

POR UMA ESCOLA MELHOR

Não há razão para a Escola sonegar ao alunado o direito tranquilo de expressar sua consciência religiosa em seus espaços. Nem existe explicação razoável para uma abstenção laicista, quando a Escola é do povo e deve cultivar os valores do povo.

É por demais sabido que não existe entre nós resistência ao cumprimento da lei que manda incorporar o ensino religioso na Escola pública. Trata-se apenas de agilizar a regulamentação necessária, na melhor forma possível. Entretanto parece oportuno insistir sobre a significação desse passo em nossa vida escolar e na vida da nossa comunidade provinciana. Estamos, com efeito, convencidos de que a própria escola será a primeira a lucrar com essa conquista dos alunos. Para qualquer bom entendedor fica muito claro que é todo processo educacional que se beneficia com o ingresso dessa componente fundamental no texto escolar. Se queremos ajudar a nova geração a crescer na vida — e não fornecer-lhe noções estereotipadas —, se queremos promover verdadeiro crescimento humano e não só ilustrar inteligências ou onerar memórias, a implantação de uma sábia educação religiosa como exigência inapelável. Afinal, o que se pretende é formar homens e mulheres normais e saudáveis responsáveis e capazes de dar conta de um papel no mundo. Como atingir esse ambicioso objetivo, colocando entre parênteses a riqueza maior de nossas vidas, a força mais poderosa na formação e modelagem da personalidade?

Vivemos todos reclamando que nosso currículo escolar está sobrecarregado de inutilidades, de academismo supérfluo, carecendo de maior realismo, coerência com a vida. Muita gente se queixa de que a educação já não se faz como antigamente... que os jovens nada adquirem (quase nada) de realmente relevante para o seu futuro, que voltam da escola mais fúteis e mais vazios, sem saber e sem ideais. É por demais fácil multiplicar as acusações com maior ou menor justiça, mas o certo é que a frustração é generalizada, mesmo se não cedemos ao saudosismo dos tempos idos... nem tão floridos. De toda maneira aí estaria uma razão a mais para se cuidar de oferecer aos moços um conteúdo novo, consistente e libertador, indo das fontes espirituais, abrindo-lhes horizontes e desafios grandes.

Para ser justos, teremos de reconhecer que não é exatamente a escola que anda mal. Acharia que ela anda muito bem pelo simples fato de ainda funcionar, heroica, por conseguir continuar existindo. Quem não vê as miseráveis condições em que se encontra, de modo geral...a escola Pública? Quem não vê o tratamento que tem merecido a educação em nosso curioso país? Como exigir mais e melhor de um professorado desestimulado e aviltado? Como esperar mais das turmas famintas que desmaiam nos corredores dos grupos escolares?

Não há como malsinar instituição tão sacrificada.

Só merece elogios a teimosia gratuita das humildes mestras de nossos bairros e interiores esquecidos, quando se desdobram em solicitudes e sacrifícios por amor puro e generoso à causa da juventude. Pode-se observar que quase nada mudou, senão para pior, na situação da Escola em seus recursos materiais e humanos, através dessas últimas décadas, enquanto muita coisa prosperou neste país das maravilhas.

Não há como recusar nosso apoio e colaboração para o soerguimento e melhoria da educação oficial (e particular), quando todos somos cônscios do seu papel inestimável na construção do nosso futuro. Ora, uma das mais valiosas contribuições para a vitalização e dinamização da escola estará, sem dúvida, na injeção de sangue novo num hausto de ar oxigenado que lhe trará uma prática religiosa adequada. A nova geração vai agradecer-nos, se nos redimirmos dessa omissão e nos decidirmos a propiciar-lhe a chance que muitos de nós não tivemos. E nós não nos arrependeremos.

QUANTO PIOR, MELHOR

A notícia correu o Brasil e o mundo. Lá pelas bandas do Sul, nesses dias uma inteira biblioteca foi transformada convenientemente em papel higiênico. Holocausto simbólico. Destino fatídico.

O país assiste estarrecido a coisas piores: aos funerais de suas instituições culturais, a começar pela Universidade. E o que mais espanta não é bem a crise, a famosa crise, que perpassa todos os setores da vida nacional, nem poupa as atividades mais vitais. Afinal, em todos os países, acontecem crises, momentos difíceis e até cruciais, em seu desenvolvimento. Não estaríamos nós isentos dessas contingências e vicissitudes da condição humana. O que nos amedronta e escandaliza é o tratamento que vêm ministrando ao problema.

Não dá para crer o que são os vexames de quantos, em nossa pátria, se dedicam à educação. Desde crianças, nos acostumamos à proclamação da prioridade do homem, em espécie de educação, como grande causa coletiva. O discurso generoso já se esgotou desmentido pelos fatos deploráveis. Fica até difícil, de agora em diante, retomar esses propósitos superiores, de tão desmoralizados que estão, através dos tempos. Enfadonha e improdutiva toda e qualquer campanha levantada nessas áreas prejudicadas.

Falar em melhoria do sistema educacional, no Brasil, já não convence ninguém. Todos sabem que não há verdade nisso, a mínima sequer. O que vem acontecendo, de maneira impressionante, ano a ano, é exatamente a deterioração notória da escola brasileira. Em todos os níveis. Sem esquecer a exclusão fatal de milhões de crianças, a quem é sonegado esse direito elementar. O desastre chega ao seu clímax com a flagrante destruição da vida universitária.

A corrosão da vida universitária não é de agora. Vem de muitos anos o esvaziamento da Universidade brasileira. Já nos referimos a esse crime, da vez passada. Ao longo de duas décadas, aviltou-se

SONHANDO COM UM LINDO AMANHECER

progressivamente a qualidade das instituições de estudo superior, até parece de propósito, para justificar, qualquer dia, a sumária extinção da coisa ociosa e cara.

É isso aí que primeiramente nos assusta e envergonha. Uma vez descaracterizada, a universidade pode ser supressa sem maiores escrúpulos. O ardil é por demais conhecido, desde a fábula do lobo e do cordeiro.

Resta, porém, algo ainda mais preocupante: quais as razões sinistras que estariam por detrás dessa operação. Recentemente, estudo de um professor de São Paulo nos leva a reconhecer que o desmonte da Universidade tem claros objetivos políticos. Difícil mesmo de acreditar, mas contra as evidências todos os argumentos são inoperantes. Acredite quem quiser, segundo as argutas perquirições do catedrático sulista, haveria um plano maquinado, deliberadamente, em vista de anular a perigosa instituição. Pasmem!

Depois de um primeiro susto, a gente logo começa a reconhecer que a hipótese tem muita cara de verdade. Com efeito, a quem pode interessar um centro de pesquisas e de formação de lideranças sociais? A quem pode interessar o aprimoramento da inteligência da nova geração, a capacitação de seus técnicos, a organização de seus profissionais? Vivemos uma gerontocracia reacionária, calejada de rotinas e velhos vícios, incapaz e estéril, amedrontada diante do futuro.

Universidade é liberdade criadora, espaço aberto do espírito. Desde que o mundo é mundo, existe uma luta de morte de monstros obtusos contra os gênios, de estados absolutos contra os profetas. O desalmado sistema que nos oprime, que utiliza regimes títeres, muitas vezes mascarados de democracias, jamais permitiria a livre expansão da inteligência e da liberdade. O povo não pode ter o luxo de pensar. Pensar é perigoso. Quanto mais asininos ficarmos, mais facilmente seremos tangidos por domadores e capatazes. E as reservas da cultura, os livros inúteis, já podem ter melhor serventia.

OS MERCADORES DE CURRAIS ELEITORAIS E A FÉ

FÉ E POLÍTICA

A solidariedade e a colaboração dentro das classes e categorias sociais são um fato. O colunista de um dos nossos periódicos acaba de me ajudar, fraternalmente, oferecendo a matéria deste pequeno artigo.

Publiquei, em dias passados, uma série sobre o ensino religioso na Escola Pública. Em certo passo, andei afirmando que a religião, reduzida a puro informe desinteressado e notícia, já não seria propriamente religião. Isso deu ao companheiro ocasião de glosar minha frase e levantar a pergunta sobre o que seria religião reduzida a discurso político... Boa deixa.

Procedendo à maneira escolástica, começaria introduzindo uma simples distinção necessária: Religião reduzida, confinada, a puro discurso político já não é mais religião — concedo. Religião acoplando, integrando, discurso político já seria pieguice, jamais seria a religião de Jesus Cristo. Certamente.

É o que gostaríamos de comentar, desta vez, agradecendo o sopro do colega.

Essa teima vem de longe. Acredito que a dificuldade vem, primeiramente, de uma deturpação simultânea dos dois termos da questão: religião e política.

Ainda se concebe, muitas vezes, a religião e a fé como realidade privativa e íntima, do foro estrito e estreito da individualidade, sem conexão alguma com o espaço social e político das pessoas. Essa privatização do religioso é o arcaísmo superado no discurso deste século vinte. Hoje, qualquer homem crente, da melhor estirpe, incorpora em seu credo e em sua prece o drama dos povos e as suas angústias, as pelejas dos pobres e os pecados da humanidade. Não precisa ser Gandhi para arremeter em campanhas cívicas, movido pelo mesmo Espírito que incendiava suas noites de vigília, seus jejuns e penitências longas. A fatal dicotomia do velho laicismo caducou de vez.

Então, para nós, cristãos, como será possível acreditar num Pai único e bom, sem comprometer-se com os irmãos, especialmente com os injustiçados, na procura e promoção do bem de todos? Se o homem já é, de nascença, um "animal político", torna-se, por imperativo da fé, responsável pela transformação deste mundo em sementeira e ensaio do Reino definitivo. O Concílio Vaticano II doutrinou, com clareza: se alguém descuida os deveres de cidadão, coloca em perigo sua salvação eterna.

Assim, parece estar claro que, na base do equívoco, se encontra ainda remanescente uma visão pobre da religião e da fé.

Igualmente pobre e pejorativa, certas vezes, continua também a visão política, quase como sendo atividade maldita, espúria, pelo menos, indigna de associar-se ao que é santo e sagrado.

Aqui também algo mudou, felizmente para melhor, desde quando se descobriu a distinção elementar entre politicagem e política. Se um cidadão decente não entra nas barganhas e farsas dos politiqueiros, por outro lado, um cristão consciente e responsável não aceita omitir-se nas legítimas batalhas pelo bem público, pelo crescimento da comunidade, mesmo em disputas difíceis e acaloradas, no exercício nobre da democracia. Nenhum desdouro nisso. E não será a expensas de sua condição de cristão, mas, pelo contrário, por fidelidade às exigências de seu Evangelho, que alevantará uma bandeira política.

Destarte, a fé cristã, longe de excluir o compromisso político, o inclui, exige e urge, feitas as devidas distinções nos conceitos e esclarecidos os seus conteúdos. Restaria talvez dizer que esse dedicado ministério político tem seus naturais predicados e faz apelo a adequada preparação, assim como tem formas diversificadas de exercício, cabendo papéis diferentes aos vários setores e instância do povo de Deus. E, por mais abrangente que seja, não esgota, certamente, as virtualidades do Evangelho e os múltiplos desafios da vocação cristã.

EDUCAÇÃO POLÍTICA

Na formação democrática deste país, há muitos papéis a ser desempenhados. Reconstituir as fibras delicadas da consciência de um povo, restaurar os tecidos fortes de um sistema político não pode ser obra de alguns indivíduos, nem de alguns fins de semana.

Um dos trabalhos mais importantes, certamente, será o aprimoramento das organizações partidárias. O partido político é o instrumento máximo da expressão dos interesses maiores das categorias e classes e o único mecanismo decente de acesso ao poder político. Ora, é por demais sabida e notória a fragilidade de nossas agremiações partidárias. Qualquer um poderá ter constatado isto, por ocasião do recente teste do processo eleitoral. Nem podia ser diferente. O que são os nossos atuais, assim chamados, partidos políticos? Quase todos, apenas arregimentações apressadas, de improviso, ao bafejo de motivações imediatas ou de líderes carismáticos. A versão anterior, a oficial, não era bem de partido: apenas um arranjo de ocasião, para dar à ditadura uma face menos grotesca. E a "oposição" de encomenda, sob medida, comportada, completava a farsa... e quando, ingenuamente, ousava levar a sério o jogo, logo era convenientemente castigada e reconduzida aos limites consentidos. O caso vai ficar mais no anedotário de nossa história política.

Dar conteúdo e forma a legítimos partidos políticos é o grande compromisso das lideranças sadias. O desafio vai demandar tempo e experimentação, porque só de uma prática diuturna poderá surgir o perfil autêntico dos grandes partidos nacionais.

Outro papel fundamental de verdadeiros partidos políticos seria a educação política do povo. Nas condições em que se encontram os nossos, seria descabido esperar deles serviço tão árduo e exigente. Nessa matéria, porém, a Igreja tem uma palavra a dar, um tijolo a carregar para o grande mutirão.

Vamos reconhecer que estamos deveras atrasados nessa tarefa essencial. Continua ainda bem clara em nossa mente a experiência vivida, no mês passado. A nenhum observador avisado terá ficado despercebida a grosseira e universal utilização das massas. Dizem que o Nordeste foi palco da mais humilhante negociata eleitoral de que haja notícia. Se o fato nos entristece e acabrunha a todos, interpela de maneira muito direta e inapelável nossa Igreja, tradicional formadora de nossos hábitos. Onde a resistência dos valores cristãos? Onde a sensibilidade evangélica das consciências? Ora, os compradores de votos, como os mercadores de "currais" (*sic*!) eleitorais, mas também a própria boiada muda...é tudo ovelha de nosso rebanho, fiel de nossa freguesia!

Estamos, pois, diante de um escândalo.

Permitam-nos confessar, confusos e descoroçoados; as práticas eleitorais que padecemos, neste fim de ano, nos deixaram pouco menos que desacreditados, em nossa missão evangelizadora. Que tipo de cristãos estamos conseguindo formar em nossos grupos e movimentos, em comunidades e paróquias? Quais os conteúdos veiculados em nossa ação pastoral multiforme?

Evangelizar, afirma Paulo VI, "é transformar, pela força do Evangelho, os critérios de julgar, os valores básicos, os centros de interesse, as linhas de pensamento, as fontes inspiradoras e os modelos de vida da humanidade"[20]. Perguntamos se as eleições de novembro não puseram a descoberto o geral despreparo de nossa gente mais doméstica, dos católicos mais devotos, que se dizem praticantes. Pratica-se o que, quando se descumpre o dever grave da "caridade política"?!

Qual está sendo nossa evangelização? E, se não conseguimos evangelizar nem catequizar, fazemos o que?" Ora, "a Igreja existe para evangelizar!"[21].

Haverá, certamente, outros fatores mais elementares na composição do quadro que nos inquieta. Continuaremos questionando, da próxima vez.

---

[20] A Evangelização no Mundo Contemporâneo, n.º 19.

[21] Paulo VI.

SALVAR A VIDA

A "POLÍTICA" DO PAPA

Em amplo editorial, o *Jornal do Brasil* examina a visita do Papa a sua terra natal e chega a emitir conceitos extremamente significativos que, por sua vez, merecem também nosso exame. "Na Polônia", diz o jornal, "a identidade nacional tem-se refugiado muitas vezes — e até por falta de alternativas — no universo religioso..." Mais adiante: "O Papa, usando das suas prerrogativas e do que se deve supor que seja um profundo conhecimento de causas, está impedindo (ou tentando impedir) o esmagamento da Polônia ante uma força externa quase irresistível".

Dois passos atrás, o editorialista ressalva: "Da Polônia para fora, o que importa salientar é que o Papa não está 'fazendo política', no sentido prosaico em que uma parte da Igreja de hoje se considera autorizada a fazer". No mesmo sentido, mais acima: "Se ele está fazendo política na Polônia, é uma grande política que, para além do bem comum, se dirige à própria noção de sobrevivência da identidade nacional polonesa — e é bom não esquecer que o Papa é polonês"[22].

É bom não esquecer que... a Igreja é autóctone em todas as pátrias e seus ministros são homens do povo, tão amantes de seu torrão natal quanto qualquer cidadão. A "política" de João Paulo, a grande política, que ele agora expressa diante do mundo, a partir de sua terra, não é outra diferente daquela assumida por... "uma parte da Igreja". E nem uma nem outra está "para além do bem comum" (*sic*). É tudo, coerentemente, missão evangélica, cumprida, com audácia e liberdade, em face dos poderes de mal.

Os malabarismos adotados nessa interpretação ficam assim às claras, já numa primeira abordagem. Estamos diante dos disfarces do velho laicismo, ainda uma vez, querendo encurralar a Igreja, numa releitura tendenciosa da impressionante lição do Papa. E, por sinal, o periódico liberal conclui doutrinando: "O papel da Igreja, numa tal

---

[22] *Jornal do Brasil*, 22.06.1983.

circunstância (momento brasileiro), só pode ser o de colaborar para esse aperfeiçoamento (do sistema político vigente)...".

Não vale a pena discutir as perspectivas sombrias do "aperfeiçoamento" nacional. Detenhamo-nos em considerar, mais um pouco, a missão legítima e o papel histórico da Igreja. Qualquer que seja o êxito da árdua visita de João Paulo, sem dúvida nenhuma, já contribuiu, de maneira evidente, para maior elucidação desse grande desafio. O impasse polonês traz à tona, em forma dramática, o problema, certamente delicado, das vinculações entre fé e compromisso, entre Igreja e política.

O que está em questão, lá e cá, é a mesma Igreja, identicamente, a mesma, quer representada em seu líder máximo, quer encarnada nos pastores regionais. O Bispo de Roma e os Bispos do Brasil estudam a mesma cartilha e servem ao mesmo rebanho. Todos debruçados sobre realidades muito pungentes, buscando iluminação na mesma fonte divina de sabedoria.

O que está em questão, lá e cá, é a mesma "grande política", ou a colaboração para o bem comum integral do homem. É a mesma luta contra as forças de desumanização e aviltamento da pessoa individual e dos povos e nações. Wojtyla clama pela liberdade de organização dos trabalhadores polacos, como o episcopado chileno exige o respeito aos mineiros dos Andes. Ele se levanta em favor da autonomia de sua pátria, pela sua autodeterminação, igualmente como as comunidades cristãs latino-americanas protestam contra a subordinação deste continente aos caprichos imperialistas.

A mesma Igreja. A mesma política.

Nem divisão na Igreja, como bem gostariam de certos defensores da famosa "civilização ocidental cristã". Nem duas políticas, uma "grande", outra "prosaica". O mesmo serviço de salvação comum, duramente assumido, em contextos diferentes, em obediência ao grande imperativo do amor. Mas, na palavra do eminente teólogo europeu, "dentro do mundo de hoje, o amor ou é político, ou é mistificação".

BRIGA DIFÍCIL

"A tradição cristã nunca defendeu tal direito (à propriedade privada) como algo absoluto e intocável; pelo contrário, sempre o entendeu no contexto mais vasto do direito comum de todos a utilizarem os bens da criação inteira: o direito à propriedade privada está subordinado ao direito ao uso comum, subordinado à destinação universal dos bens"[23].

Forçoso é reconhecer que, embora se possa dizer "inalterado através dos séculos" nos seus fundamentais princípios, esse mesmo ensinamento da Igreja "se foi formando", foi tomando corpo e explicitando novas dimensões, sobretudo a partir da *Rerum Novarum*. Diga-se isto, de modo particular, no que se refere à propriedade, ou apropriação dos bens, e mais especialmente dos bens de produção. A Encíclica atesta que, ao tempo de Leão XIII, vigorava um "sistema de injustiça e de danos que bradava aos céus vingança"[24]: contra ele, "francamente tem de se reconhecer que se justificava, sob o ponto de vista da moral social, a reação" que surgiu... "reação social eticamente justa"[25], reafirma, mais adiante.

Desta sorte, historicamente, nasceu o conflito que se alonga e se agrava, conflito admitido pelo Papa como fato concreto, iniludível: "conflito real existente entre o mundo do trabalho e o mundo do capital"[26]. Ponto central dessa briga difícil: o direito de propriedade. Certamente a questão é bem mais vasta, incorporando muitos valores de vida, muitas consequências morais e sociais. Nessa mesma medida, mais nos toca e mais nos compromete, transcendendo os limites do puramente econômico (se é que o "puramente econômico" de fato existe). Como, porém, não constatar que o *punctum dolens*

---

[23] Disponível em: https://www.vatican.va/content/john-paul-ii/pt/encyclicals/documents/hf_jp-ii_enc_14091981_laborem-exercens.html. Acesso em: 17 ago. 2019. N.º 14.

[24] *Ibidem*, n.º 8.

[25] *Ibidem*, n.º 13.

[26] *Ibidem*, n.º 11.

da arenga toda se situa precisamente na posse e usufruto dos bens, máxime daqueles que já sejam fruto suado do labor humano?

João Paulo II, de forma muito clara, insofismável, rejeita os conhecidos sistemas em confronto, acusando-os de semelhantes deturpações e iniquidades. Em primeiro lugar, lhes assinala o materialismo intrínseco a ambos. *Materialis* confesso é o comunismo que aqui vem tratado como coletivismo, em oposição ao individualismo capitalista. Igualmente materialista, se não teórico, ao menos prático, o "economismo", enquanto "comporta direta ou indiretamente a convicção do primado e da superioridade daquilo que é material; ao passo que coloca, direta ou indiretamente, numa posição subordinada à realidade material aquilo que é espiritual e pessoal (o agir do homem, os valores morais e semelhantes)[27]". Ambos os sistemas se fecham numa visão mesquinha e pobre, estreitando horizontes, confinando o homem no círculo acanhado do jogo das forças econômicas: "Mesmo no Materialismo dialético, não é o homem "o grande sujeito" da ordem econômica e social; ele "continua a ser compreendido e a ser tratado... como uma espécie de resultante das relações econômicas e das relações de produção".

Urge, primeiramente, superar o materialismo e restituir "o primado da pessoa sobre as coisas". Depois, assegurar a prioridade do bem comum sobre a ganância individual. Mais: assegurar o que o Papa chama "a subjetividade da sociedade": ou seja, "quando cada um dos que a compõem... tiver garantido o pleno direito a considerar-se co-proprietário". Assim, voltam a passar pelo crivo da mesma censura o individualismo egoísta e o coletivismo massificante. A primazia da pessoa humana também não será salva, toda vez que certo grupo dirigente, mesmo pretendendo representar o Estado, açambarcar para si "o monopólio da administração e da disposição dos meios de produção, sem se deter quanto a isso nem sequer diante dos direitos fundamentais do homem"[28].

---

[27] Disponível em: https://www.vatican.va/content/john-paul-ii/pt/encyclicals/documents/hf_jp-ii_enc_14091981_laborem-exercens.html. Acesso em: 17 ago. 2019. N.º 13.

[28] *Ibidem*.

A LUTA DE CLASSES

Em sua grande Encíclica *Laborem Exercens*, o Santo Padre enfrenta claramente a famosa questão sobre a legitimidade da luta ou peleja entre as classes sociais. Bem dentro de seu estilo, ataca o problema a partir do horizonte histórico. Começa constatando que as formas selvagens do capitalismo primitivo, "sistema de injustiça e de danos que bradava aos céus vingança", representando "a degradação do homem como sujeito do trabalho", em "exploração inaudita"[29], terminou provocando uma "reação social eticamente justa"[30]. Assim nasceu "o conflito real entre o mundo do trabalho e o mundo do capital"[31].

Aqui está um primeiro ponto esclarecido: queiramos ou não, já existe um enfrentamento, como herança recebida. Falar, portanto, em contraste de interesses de classes — falar em antagonismo de classes — não é sinal nenhum de tendenciosidade perigosa, ou de interpretação ideológica: é simples constatação de fatos. Uma segunda coisa a dizer-se, talvez, seria que tal "conflito" não surge pela natureza das forças econômicas, por ditame intrínseco da realidade: mas é apenas fruto de um sistema funesto. Numa "visão coerente, teológica e ao mesmo tempo humanista", há de se reconhecer que "antinomia entre trabalho e capital não tem a sua fonte na estrutura do processo econômico, em geral..."... e, portanto, "de maneira nenhuma, se pode contrapor o trabalho ao capital e o capital ao trabalho e, menos ainda... se podem contrapor uns aos outros os homens concretos que estão por detrás desses conceitos"[32]. Inaceitáveis, portanto, os sistemas que provocam tal guerra insensata.

---

[29] Disponível em: https://www.vatican.va/content/john-paul-ii/pt/encyclicals/documents/hf_jp-ii_enc_14091981_laborem-exercens.html. Acesso em: 17 ago. 2019. N.º 8.

[30] *Ibidem*, n.º 13.

[31] *Ibidem*, n.º 11.

[32] *Ibidem*, n.º 13.

Num passo à frente, recolhendo uma conclusão do Papa: "intrinsecamente verdadeiro e ao mesmo tempo moralmente legítimo aquele sistema de trabalho que, nos seus fundamentos, supera a antinomia entre trabalho e capital, procurando estruturar-se de acordo com o princípio anteriormente enunciado: o princípio da prioridade substancial e efetiva do trabalho, da subjetividade do mesmo trabalho humano e de sua participação eficiente em todo o processo da produção"[33].

Resta indagar da maneira de passar do conflito existente historicamente para a superação e integração devida. Os marxistas pensam na "luta de classes programada"... "como único meio de eliminar as injustiças de classes existentes na sociedade e eliminar as próprias classes"[34]. O Santo Padre, seguindo a linha tradicional do ensino católico, se recusa a aceitar a briga "programada" como sendo "o único meio" para chegar à solução da questão social, como nega que "a luta de classe...inevitavelmente governe a vida social"[35]. Mas, de outra parte, advoga a legitimidade da "luta pela justiça social": não "uma luta contra os outros..."... não "a luta pela luta"... ou então "para eliminar o antagonista". Não se trata de destruir nada, nem a ninguém, senão ao mal e a injustiça. E mais: "a união dos homens para se assegurarem os direitos que lhes cabem, nascidos das exigências do trabalho, permanece um fator construtivo de ordem social (sic) e de solidariedade"[36].

Esses conceitos bem correspondem a duras afirmações repetidas por João Paulo II, quando em visita ao Brasil. Assim aos operários, em São Paulo: "A persistência da injustiça, a falta de justiça, ameaça a existência da sociedade por dentro". Ou ainda, às lideranças, em Salvador: "Toda sociedade, se não quiser ser destruída a partir de dentro, deve estabelecer uma ordem social justa". A isso chama de "nobre luta", não feita de ódio e sim de amor. (Feita daquele amor político) "caridade política", como já dissera Pio XI, amor militante, efetivo e operoso, animado de generosidade e grandeza.

---

[33] *Laborem Exercens*, n.º 13.

[34] *Laborem Exercens*, n.º 11.

[35] Disponível em: https://www.vatican.va/content/john-paul-ii/pt/encyclicals/documents/hf_jp-ii_enc_14091981_laborem-exercens.html. Acesso em: 17 ago. 2019. N.º 20.

[36] *Ibidem*, n.º 20.

O PROBLEMA DO TRABALHO

"A Igreja se acha vivamente empenhada nessa causa, porque a considera como sua missão, seu serviço e como uma comprovação de sua fidelidade a Cristo, para assim ser, verdadeiramente, 'a Igreja dos pobres'"[37] Missão, serviço e prova de fidelidade a Cristo é participar diretamente na promoção da "justiça social nas diversas partes do mundo". Assim se posiciona João Paulo II, em sua celebrada Encíclica.

Desta feita, porém, em vez de atacar a multiplicidade de questões que se encerram dentro da mesma grande questão social, o Operário-Papa se debruçou apenas sobre as novas interrogações e desafios que emergem no mundo do trabalho. A escolha do tema já valeria por um destaque muito especial. Não é só. O Santo Padre diz e repete, explicitamente, as razões que dão relevância única ao trabalho humano. Primeiramente, acentua ele, porque entra em questão o homem mesmo, na dignidade essencial de sua pessoa, nessa "dimensão fundamental" de sua existência. Assim é que a tratação toda vem expressamente dedicada ao homem, como se diz já no primeiro número do texto.

Depois, "o trabalho humano é uma chave, provavelmente a chave essencial de toda a questão social, se nós procuramos vê-la verdadeiramente sob o ponto de vista do bem do homem". E prossegue categórico: "E se a solução — ou melhor, a gradual solução — da questão social, que continuamente se reapresenta e se vai tornando cada vez mais complexa, deve ser buscada no sentido de 'tornar a vida mais humana', então por isso mesmo a chave, que é o trabalho humano, assume uma importância fundamental e decisiva"[38].

A primazia do homem. A primazia do trabalho.

---

[37] Disponível em: https://www.vatican.va/content/john-paul-ii/pt/encyclicals/documents/hf_jp-ii_enc_14091981_laborem-exercens.html. Acesso em: 17 ago. 2019. N.º 20.

[38] *Ibidem*, n.º 9.

"Igreja... acredita no homem"[39], continua o Papa. Apostamos no homem, porque sabemos que ele tem uma destinação sublime, uma vocação de transcendência, que o faz superar, penosamente, embora, todas as adversidades e fracassos da caminhada. O homem não é uma infeliz aventura, votada ao malogro. E, se nos fiamos dele, em última instância, é porque temos sobre isto revelação segura e iluminadora. Para nós, o homem é objeto de fé, da fé cristã. O que nos distingue não é precisamente acreditarmos em Deus: há tantas crenças em Deus. O cristão é aquele que acredita no homem. A Igreja acredita no homem, definitivamente, depois que o próprio Deus não se designou de assumir nossa humilde condição.

Essa enfática afirmação da primazia do homem nunca vem fora do tempo, porque a conspiração das forças desumanizantes cresce com os tempos. Está bem na hora de proclamar, pela milésima vez, que "a imagem de Deus" é superior a todos os ídolos e gênios funestos, a todos os leviatãs e monstros do apocalipse. Urge repetir, à sociedade, que a pessoa humana é mais importante do que o inteiro universo, quando regimes supostamente progressistas continuam praticando a tortura e o genocídio.

Dessa dignidade intangível da pessoa é que resulta o intrínseco valor e a consequente primazia do trabalho humano, "uma das características que distinguem o homem"[40]. Aqui está, no pensamento de João Paulo II, o ponto-chave de saída para magna questão social: o trabalho é o valor maior! E não a máquina. E não o lucro. E não o capital. Ainda voltaremos ao tema fundamental. Recolhamos apenas algumas palavras muito preciosas no grande documento: "Não se vêem outras possibilidades de uma superação radical desse erro, a não ser que intervenham mudanças adequadas, quer no campo da teoria quer da prática, mudanças que se atenham a uma linha de firme convicção do primado da pessoa sobre as coisas e do trabalho do homem sobre o capital, entendido como conjunto dos meios de produção"[41].

---

[39] *Laborem Exercens*, n.º 4.

[40] Disponível em: https://www.vatican.va/content/john-paul-ii/pt/encyclicals/documents/hf_jp-ii_enc_14091981_laborem-exercens.html. Acesso em: 17 ago. 2019. N.º 11.

[41] *Ibidem*, n.º 13.

PRIMAZIA DO TRABALHO

Vai fazer dois anos que o Santo Padre João Paulo II publicou sua memorável carta sobre o Trabalho humano. Já nos primeiros arrazoados, ele declara, categoricamente: "A Igreja está convencida de que o trabalho constitui dimensão fundamental da existência do homem sobre a terra"[42].

Em avançada idade industrial, naturalmente, a Igreja também participa da onda "trabalhista" de nosso tempo. Aos poucos, porém, passamos a nos dar conta de que a discussão dos grandes problemas que tumultuam nossa época afeta valores essenciais. Não estamos apenas pagando o necessário tributo às contingências sociais que nos envolvem, nesta quadra histórica, seguindo a mesma conversa que agita as nossas esquinas e bares. Estamos tocando com o dedo realidades básicas, desafios vitais. O problema do trabalho é o problema do homem: "dimensão fundamental", na estrutura mesma da vida.

Passando além das análises sociais, no espaço específico de nossas reflexões, no nível religioso e teológico, lá encontramos as raízes mais profundas de nosso compromisso com a causa humana do trabalho. Descobrimos os princípios de uma primazia a ser assegurada não apenas como ligeiras conquistas de pelejas classistas, mas elementar exigência da natureza e da verdade das coisas.

O celebrado documento pontifício nos conduz a uma verdadeira teologia do trabalho, ajudando-nos a discernir bem fundo e bem alto o valor transcendental do trabalho. A visão cristã, nesta matéria, arranca da própria concepção de Deus, da imagem grandiosa que d'Ele temos, por sobre toda linguagem antropomórfica. De fato, para nós, o Senhor não tem nada de um absoluto estático e inerte, espécie de abismo letárgico, sorvedouro da trepidação universal. Acreditamos e adoramos, pelo contrário, um Deus essencialmente

---

[42] Disponível em: https://www.vatican.va/content/john-paul-ii/pt/encyclicals/documents/hf_jp-ii_enc_14091981_laborem-exercens.html. Acesso em 17 ago. 2019. N.º 4.

dinâmico, efervescente de vida, exuberante de amor. Cremos num Deus trabalhador.

Expurgado de todos os mitos e fantasias, o mistério da criação testemunha, de maneira muito eloquente, essa índole congênita de nosso Deus, em sua operosidade ilimitada, em sua fecundidade infinita. E dessa fonte inesgotável, das mãos mágicas do Criador, emergem novos criadores, artesãos de novos mundos.

O homem, o demiurgo maior.

Nasceu incompleto, como obra inacabada a perfazer-se, palpitante de aspirações e inquietudes, com desejos de infinito. Ele próprio é sua primeira e sublime tarefa. Em torno dele, o mundo. Já na origem foi mandado "dominar a terra", "cultivar o jardim", como imagem e lugar tenente que é de Deus. "No desempenho desse mandato, ele reflete a própria ação do Criador do universo"[43]. É desses primórdios que o mundo e a vida surgem como enorme empresa, numa escalada magnífica, ao mesmo tempo, árdua e gloriosa. E, nesse universo em perene gestação, o ser humano é protagonista principal, o obreiro-chefe.

Assim, trabalhar, nesse sentido original, é componente da existência e encargo essencial. É vocação e grandeza em vez de fatalidade e aviltamento. Somente numa sociedade decadente, entorpecida na ociosidade e no tédio, se poderia difundir a ideia pejorativa do trabalho, como diminuição da dignidade humana. Diminuir o homem é sonegar-lhe o direito inato de trabalhar, ou recusar-lhe os frutos preciosos de sua laboriosidade. O que se impõe, isto sim, é conferir ao trabalho o lugar primeiro que lhe compete na ordem de valores e no processo econômico social.

Esta nossa tese da primazia do trabalho está visto que se funda na própria natureza das coisas e nos dados de nossa fé. Quando Deus resolveu "assentar sua tenda entre nós", quis também aderir ao destino comum de nossa estirpe e se fez trabalhador, "carpinteiro"[44]. Jesus

---

[43] Disponível em: https://www.vatican.va/content/john-paul-ii/pt/encyclicals/documents/hf_jp-ii_enc_14091981_laborem-exercens.html. Acesso em: 17 ago. 2019. N.º 4.

[44] Evangelho de Marcos, capítulo 6, versículo 3.

de Nazaré, diz João Paulo II, "pertence ao mundo do trabalho", onde tem seu habitat, identificou-se com as realidades da vida operária e assumiu suas categorias. Mais tarde, quando passa a doutrinar "em suas parábolas sobre o reino de Deus, refere-se constantemente ao trabalho humano: ao trabalho do pastor, do agricultor, do médico, do semeador, do amo, do servo, do feitor, do pescador, do comerciante, e do operário. Fala também das diversas atividades das mulheres. Apresenta o apostolado sob a imagem do trabalho braçal dos ceifeiros e dos pescadores". Arremata, finalmente, o Papa: celebrando "aquele grande, embora discreto, evangelho do trabalho que nós encontramos na vida de Cristo, em suas parábolas e em tudo quanto Jesus passou fazendo e ensinando"[45].

---

[45] Disponível em: https://www.vatican.va/content/john-paul-ii/pt/encyclicals/documents/hf_jp-ii_enc_14091981_laborem-exercens.html. Acesso em: 17 ago. 2019. N.º 26.

SALVAR A VIDA

Aos 14 de setembro passado, publicava o Papa uma Carta Encíclica sobre o Trabalho Humano (*Laborem Exercens*), com larga repercussão no mundo inteiro. Pouco mais de dois meses depois, já nos emite uma volumosa Exortação Apostólica enfrentando os gravíssimos problemas da Família no mundo de hoje.

Os dois históricos documentos vêm demonstrar-nos claramente o dinamismo extraordinário desse homem quase morto no primeiro semestre de '81. Mas documentam também, de maneira surpreendente, o compromisso crescente da Igreja com as grandes causas humanas de nosso tempo. Já nos primeiros passos da *Laborem Exercens*, assinala João Paulo II: "O trabalho é um desses aspectos (da vida humana), perene e fundamental e sempre com atualidade, de tal sorte que exige constantemente renovada atenção e decidido testemunho. Com efeito, surgem sempre novas interrogações e novos problemas, nascem novas esperanças, como também motivos de temor e ameaças, ligados com esta dimensão fundamental da existência humana..." Iniciando a *Familiaris Consortio*, assevera o Pontífice: "Consciente de que o matrimônio e a família constituem um dos bens mais preciosos da humanidade, a Igreja quer fazer chegar a sua voz e oferecer a sua ajuda a quem, conhecendo já o valor do matrimônio e da família, procura vivê-lo fielmente; a quem, incerto e ansioso, anda à busca da verdade e a quem está impedido de viver livremente o próprio projeto familiar. Sustentando os primeiros, iluminando os segundos, e ajudando os outros, a Igreja oferece o seu serviço a cada homem interessado nos caminhos do matrimônio e da família".

"A Igreja oferece o seu serviço a cada homem..." Em artigos sucessivos, pretendo analisar aos poucos os principais tópicos dessa doutrina pontifícia. No momento, limito-me tão só a observar a significação global desses solenes pronunciamentos, tendo particularmente em vista as posições assumidas por nossa Igreja, neste país. Como se vê, o Papa não está preocupado com os anjinhos do paraíso nem mesmo com os diabinhos das profundas, não o estão motivando as querelas de academia ou as rubricas rituais. O operário polonês alçado à cátedra de Pedro se angustia com as "novas interrogações e os novos problemas" do agitado mundo do trabalho e com os "bens mais preciosos da humanidade", postos em perigo na atual fase da história. Ele não vem ensinar-nos doutrinas sibilinas, princípios estratosféricos: a realidade nua e crua desta terra dos homens e os desafios da vida são o seu assunto sagrado, o conteúdo de seu sermão.

Gostaria que todos os fariseus e escribas de nosso tempo prestassem atenção a esse magistério oficial da Católica. Com absoluta frequência e impertinência, reaparecem zelosos doutrinadores — mais papistas que o Papa — cobrando a bispos e padres a autenticidade de sua catequese, por desviada que estaria da sã ortodoxia. A Igreja tem que falar as coisas do céu, os problemas da alma; tem que alimentar a devoção do povo e sustentar a moral da sociedade vigente, o respeito das autoridades legítimas e os bons costumes da tradição. O que teríamos, cada vez mais, Brasil afora, seria a deturpação fatal, pela politização dos ministros de Deus e o esvaziamento de sua missão estritamente religiosa.

Ora, que nota atribuir ao Santo Padre, quando ele se distrai na Capela Sistina, e sai pelo mundo abrindo questões sobre salário e sobre greve, sobre sindicato e sobre desemprego, sobre aborto e sobre matrimônio "experimental"? É um pequeno escândalo! Voltaremos ao caso na próxima vez. Mas fique logo dito: para esta Igreja que aí está o que mais importa e o que importa sempre mais é a vida, a vida a ser salva e desenvolvida. O mais vem por acréscimo.

O HOMEM E O TRABALHO

A congênita superioridade do homem sobre as coisas nos leva a defender, inclusive, a sua primazia também sobre o trabalho. O trabalho é para o homem e não o homem para o trabalho. E "o primeiro fundamento do valor do trabalho é o mesmo homem, o seu sujeito", no dizer do Papa[46]. Daqui, já se seguem naturais exigências econômicas e sociais. Pensamos apenas naquilo que se costuma chamar "as condições de trabalho": elas devem ser tais que, na verdade, possibilitem ao homem um crescimento, a valorização pessoal e jamais a sua destruição. Pensemos só nos acidentes de trabalho, matéria em que obtemos triste Record mundial. Urge, pois, evitar o escândalo a que já se referia Pio XI: enquanto a matéria sai enobrecida, o homem termina aviltado. O princípio reto está expresso por João Paulo II: "o trabalho é um bem do homem — e é um bem da humanidade — porque, mediante o trabalho, o homem não somente transforma a natureza, adaptando-a às suas próprias necessidades, mas também se realiza a si mesmo como homem e até, num certo sentido, se torna mais homem".

A humanização do mundo do trabalho é vasto programa por realizar-se. A infelicidade começa já no acesso ao emprego digno. O direito de trabalhar é a primeira exigência: "um emprego adaptado para todos aqueles que são capazes de o ter"[47]. É preciso agir decididamente "contra o desemprego que é sempre um mal e[,] quando chega a atingir certas dimensões, pode até tornar-se uma verdadeira calamidade social". Prossegue o texto pontifício: "o desemprego se torna um problema particularmente doloroso, quando são atingidos sobretudo os jovens, que depois de se terem preparado por meio de uma formação cultural, técnica e profissional apropriada, não conseguem um emprego e, com mágoa, veem frustradas a sua

---

[46] Disponível em: https://www.vatican.va/content/john-paul-ii/pt/encyclicals/documents/hf_jp-ii_enc_14091981_laborem-exercens.html. Acesso em: 17 ago. 2019. N.º 6.

[47] *Ibidem*, n.º 18.

vontade sincera de trabalhar e a sua disponibilidade para assumirem a própria responsabilidade no desenvolvimento econômico e social da comunidade"[48].

Até parece que isto foi escrito para o Brasil, máxime para o Nordeste. A cena triste a que já estamos acostumados é a migração desordenada e caudalosa de região a região, em verdadeiras ondas, cujos roteiros variam de tempo a tempo. Cada vez, em busca de trabalho. Nesse cenário nacional, a recente evasão das fábricas do Sul é apenas um episódio. Seria quase uma ironia invocar os termos da Encíclica sobre as responsabilidades do poder público face ao desemprego: "A obrigação de conceder fundos em favor dos desempregados, quer dizer, o dever de assegurar as subvenções indispensáveis para a subsistência dos desempregados e das suas famílias, deriva do princípio fundamental da ordem moral neste campo, i.e. do princípio do uso comum dos bens ou — para exprimir a mesma coisa de maneira mais simples — do direito à vida e subsistência"[49]. Por que não dizer também: direito adquirido pela laboriosidade dos operários! O homem que edifica a cidade em que vivemos, a estrada que transitamos, a casa que nos acolhe e o prato que comemos, será que ele não consolida um novo direito: qual seja, o de continuar servindo aos outros, oferecendo o fruto do seu esforço para usufruto da sociedade? E no momento ingrato em rareiam as tarefas, não será que ele já tem suficiente crédito social conquistado, para merecer melhor quinhão do que o desamparo e a miséria?

Resta muito ainda até que se atribua ao trabalho e ao trabalhador o lugar de honra que verdadeiramente lhes toca na vida e no mundo. Aprendi, desde pequeno, em casa, a respeitar e prestigiar o trabalho humano. O mais distinto elogio que o meu pai sabia fazer a um determinado companheiro era: "é um homem trabalhador!" Os seus olhos brilhavam e a lição ficava para todos nós.

---

[48] *Laborem Exercens*, n,º 18.

[49] Disponível em: https://www.vatican.va/content/john-paul-ii/pt/encyclicals/documents/hf_jp-ii_enc_14091981_laborem-exercens.html. Acesso em: 17 ago. 2019. N.º 18.

A CONDIÇÃO DA MULHER

João Paulo II, em sua recente encíclica sobre o Trabalho Humano (*Laborem Exercens*), introduz certos dados de muita significação para o debate criado em nosso tempo sobre a condição da mulher. Recolhamos logo uma afirmação muito rica e abrangente:

> É necessário organizar e adaptar todo o processo do trabalho de tal sorte que sejam respeitadas as exigências da pessoa e as suas formas de vida, antes de mais nada de sua vida doméstica, tendo em conta a idade e o sexo de cada uma delas.

"Aqui já, um princípio fundamental: a vida econômica seja organizada em função da pessoa humana!". Prossegue o Papa:

> É um fato que, em muitas sociedades as mulheres trabalham em quase todos os setores da vida. Convém, no entanto, que elas possam desempenhar plenamente as suas funções, segundo a índole que lhes é própria, sem discriminações e sem exclusão dos empregos, para que tenham capacidade, como também sem faltar o respeito pelas suas aspirações familiares e pelo papel específico que lhes cabe para o bem comum da sociedade, juntamente com o homem.[50]

Pensando em salvaguardar na mulher "a índole do que lhe é própria", a Encíclica defendera antes o direito ao salário familiar, suficiente para as necessidades da família, sem que a esposa seja obrigada a assumir um trabalho remunerado fora do lar. Defendera também a necessidade de promover a "revalorização social das funções maternas, dos trabalhos que a elas andam ligados", superando certa mentalidade materialista, em implantada no capitalismo de só atribuir valor e significação ao esforço humano que resulte em "lucro".

---

[50] Disponível em: https://www.vatican.va/content/john-paul-ii/pt/encyclicals/documents/hf_jp-ii_enc_14091981_laborem-exercens.html. Acesso em: 17 ago. 2019. N.º 19.

Por esses caminhos, vamos aproximando um certo projeto de promoção da mulher que não coincide bem com os ideais alimentados em algumas esferas e ambientes conhecidos. Fala-se, com insistência e até com agressividade cada vez maior, na libertação feminina. E quem é que ignora as múltiplas formas de servidão e exploração a que andam sujeitas nossas irmãs, nada menos que metade de nossa fecunda espécie?! Curioso mesmo como as civilizações substituem apenas os modos e disfarces do mesmo preconceito e da mesma dominação. Nos centros mais "evoluídos", a mulher procura afirmar-se com maneiras esdrúxulas, procedimentos desenvoltos, reivindicações libertárias. Ali mesmo, o "artigo" feminino mais se degrada, mais se compra e se vende, se aluga e se troca, leiloa-se alegremente.

Aqui por nossos trópicos, as coisas acontecem em modos menos sofisticados. Não é privilégio nosso, mas é certamente uma herança de raça: nosso machismo imbatível. Mil vezes denunciado, ele persiste inalterado. A antropologia, a sociologia, a psicologia já o diagnosticaram inutilmente: inócua qualquer terapia. E a valentia dos machos continua a glorificar-se em delírios de sangue.

Pelo dito, estamos muito longe da verdade sobre a mulher, desde sua natureza original, suas prerrogativas de pessoa, até seu estatuto sobrenatural de filha de Deus em nada inferior ao homem. "Vós todos — proclama o Apóstolo — sois filhos de Deus, pela fé em Cristo Jesus... Não há mais judeu, nem grego, não há escravo nem livre, não há homem nem mulher: pois todos vós sóis um só em Cristo Jesus"[51]. Os cristãos têm que assumir o desafio de corrigir essas tristes distorções, deprimentes preconceitos. Na esfera do trabalho, os valores estão definidos de forma inconfundível pelo Papa: "a verdadeira promoção da mulher exige que o trabalho seja estruturado de tal maneira que ela não seja obrigada a pagar a própria promoção com o abandono de sua especificidade e com o detrimento de sua família, na qual ela, como mãe, tem papel insubstituível"[52].

---

[51] Gálatas 3,26-28.

[52] Disponível em: https://www.vatican.va/content/john-paul-ii/pt/encyclicals/documents/hf_jp-ii_enc_14091981_laborem-exercens.html. Acesso em: 17 ago. 2019. N.º 19.

TRABALHO E CAPITAL

"A Igreja está convencida de que o trabalho constitui uma dimensão fundamental da existência do homem sobre a terra"[53], assim inicia o segundo capítulo da grande Encíclica de João Paulo II. E mais adiante chega a afirmar que "cada um 'se torna homem' mediante o trabalho, entre outras coisas"[54]. De outra vez, já andei insistindo sobre essa grandeza e dignidade intrínseca do trabalho humano, precisamente enquanto compromete diretamente o seu sujeito, a pessoa humana. Quando o Senhor, já nos primórdios, mandou "dominar a terra", definia o grande objetivo da ação humana, mas também estabelecia o princípio básico da superioridade intransponível do homem sobre qualquer componente de seu jardim.

É daí que o Papa extrai os elementos de sua posição clara, indisfarçável, sobre a prioridade do trabalho face ao capital. Sei quanto essa tratação é provocante. Imediatamente, haverá quem passe a suspeitar das infiltrações comunistas nesse doutrinador vindo de além da cortina. Felizmente, ao mesmo tempo, não faltarão aqueles outros que denunciarão de "reformistas" as perspectivas abertas pela Carta do Vaticano. Sinal de contradição. Não precisarei introduzir considerações mais pessoais, neste capítulo. Vou reduzir-me, tão só, a recolher as passagens mais explícitas do texto pontifício.

No processo da produção, diz o Santo Padre, "o trabalho é sempre uma causa eficiente primária, enquanto que o capital, sendo o conjunto dos meios de produção, permanece apenas um instrumento, ou causa instrumental". E conclui: "Este princípio é uma verdade evidente, que resulta de toda a experiência histórica do homem"[55]. Aí está a raiz que vai florir em muitas consequências. Os recursos postos à disposição do homem pelo Criador "não podem servir ao

---

[53] Disponível em: https://www.vatican.va/content/john-paul-ii/pt/encyclicals/documents/hf_jp-ii_enc_14091981_laborem-exercens.html. Acesso em: 17 ago. 2019. N.º 4.

[54] *Idem*, n.º 10.

[55] *Ibidem*, n.º 12.

homem senão mediante o trabalho". É mediante o trabalho que o homem se apropria deles para o mesmo ulterior desempenho de sua atividade. Noutras palavras, o capital ou "tal conjunto de meios é o fruto do patrimônio histórico do trabalho humano. Todos os meios de produção, desde os mais primitivos até os mais modernos, foi o homem que elaborou"[56]: o fruto acumulado do próprio trabalho.

Tratando da árdua questão da propriedade privada (a isto voltaremos, oportunamente), o Papa doutrina, sem arrodeios: "a propriedade é adquirida primeiro que tudo pelo trabalho e para servir ao trabalho. E isto diz respeito, de modo particular, à propriedade dos meios de produção", ou seja, o capital. E vai mais adiante: "Considerá-los (os meios de produção) isoladamente, como um conjunto à parte de propriedades, com o fim de contrapô-los, sob a forma de capital ao trabalho — e mais ainda, com o fim de explorar o trabalho, é contrário, à própria natureza de tais meios e à natureza de sua posse". Até aqui, a citação do n.º 14 da Encíclica. Mas temos que levar à frente o texto esclarecedor: os meios de produção — o capital — "não podem ser possuídos contra o trabalho, como não podem ser possuídos para possuir, porque o único título legítimo (*sic*) para a sua posse — e isto tanto pública ou coletiva — é que eles sirvam ao trabalho; e que, consequentemente, servindo ao trabalho, tornem possível a realização do primeiro princípio desta ordem, que é a destinação universal dos bens e o direito ao seu uso comum"[57].

Está dito de uma vez por todas: o capital deve subordinar-se ao trabalho, por questão de princípio, por ordem de valor, por fidelidade à natureza das coisas. O capital para o trabalho; o trabalho para o homem; eis a sequência correta, harmoniosa, intocável, se pretendemos assegurar o lugar devido à pessoa humana, como "sujeito e autor e por isso mesmo como verdadeira finalidade de todo o processo de produção"[58] e da ordem econômica.

---

[56] Disponível em: https://www.vatican.va/content/john-paul-ii/pt/encyclicals/documents/hf_jp-ii_enc_14091981_laborem-exercens.html. Acesso em: 17 ago. 2019. N.º 12.

[57] *Idem*, n.º 14.

[58] *Ibidem*, n.º 7.

O PROBLEMA SOCIAL

Há poucos dias realizou-se em Campina Grande um belo simpósio em torno da Encíclica de João Paulo II sobre o Trabalho Humano. A oportuna promoção preparou as comemorações do 1º de Maio. E a cidade se movimentou, dia após dia, com os debates e reflexões de evidente significação social. Foi, certamente, marcante a participação das várias categorias no mesmo esforço, em busca de elucidar os muitos aspectos do momentoso problema que a todos nos aflige e compromete. Destaque especial merece a contribuição da Universidade — professores e alunos — que lá compareceram e intervieram, com competência e brilhantismo, assim como os agentes pastorais do meio independente, que conseguiram motivar e aglutinar vasto setor da nossa classe média. Não esquecer ainda que, enquanto no centro se reuniam e discutiam os doutores, lá na periferia os pequenos grupos também praticavam a sua meditação e análise das situações de povo e das diretrizes do Papa. Tudo culminaria na Assembleia popular do cair da tarde no Dia do Trabalhador: ali, foi o operariado mesmo que veio a público chamar atenção de todos para as suas reais condições de vida e de trabalho.

Não resta dúvida, a semana toda resultou numa catequese eficaz, fornecendo dados, ilustrando princípios, abrindo pistas para um futuro melhor. Podemos recordar que, em certo debate das noites, um cidadão levantou a indagação "Por que a Igreja não se dá a divulgar melhor seu ensinamento social". E não deixa de ter sua razão. A experiência ora realizada, com pleno êxito, vem demonstrar essa necessidade e urgir novas promoções similares. E um jovem professor, na sessão final, propunha, com alegria: "Vamos pensar já no próximo simpósio!"...

Ao término dessa jornada, ficou bastante claro que as questões discutidas atingem efetivamente a população; ou seja, que nossa gente já anda, até certo ponto, sensibilizada sobre a matéria desafiante e conflitiva, abordada na Carta de João Paulo II. Noutras palavras, vai ficando evidenciado que o discurso e a denúncia sobre a desordem social não são caturrice nem intriga da Igreja, empenhada em agitar e subverter. Esta, uma das distorções mais frequentes, uma das calúnias mais primárias. O que na verdade ocorre é que existe toda uma casta bem vivente, a quem pode interessar o silêncio sobre a desgraça da maioria. A miséria não seria infame: infamante é denunciá-la, arrancar-lhe as máscaras, revelar as suas raízes escondidas. Sem maior dificuldade, já se verifica que o povo não é mais tão cego e insensível, tão conformado e fatalista, para não se dar conta da verdadeira natureza de seu infortúnio. Se não lhe mentirmos demais, se não o reprimirmos todo o tempo, ele acabará por explicitar na consciência a dor de sua vida.

O problema social, enfim, aí está, desafiando a todos nós. E os prazos se esgotam, infelizmente. Passam os anos, passam os decênios, o nosso século já declina, enquanto continuamos esperando em vão as reformas e mudanças que não chegam nunca. As estatísticas oficiais, pelo contrário, se sucedem a declarar que mais se deteriora o quadro de conjunto, agravam-se as carências crônicas, aprofundam-se as distâncias entre as classes sociais. Constatar essa cruel realidade, mais uma vez, não é crime nenhum. Criminoso seria escondê-lo, hipocritamente. Pecado é negar ou recusar a parcela de responsabilidade que nos toca na procura de saídas decentes e urgentes.

Insuspeitos de estranhas infiltrações, o Santo Padre, em sua visita a nossa Pátria, já advertiu, com veemência: "Toda sociedade, se não quiser ser destruída a partir de dentro, deve estabelecer uma ordem social justa. Este apelo não é uma justificação para a luta de classe... mas um apelo à nobre luta pela justiça social". E noutra passagem: "Depende de vós todos e de cada um que o futuro do Brasil seja um futuro de paz, que a sociedade brasileira seja uma convivência na justiça. Creio que é chegada a hora de todo homem e de toda mulher desse imenso país tomar uma resolução e empenhar decididamente a riqueza do próprio talento e da própria consciência, para dar à vida da nação uma base que há de garantir um desenvolvimento das realidades e das estruturas sociais na justiça". Estamos

SONHANDO COM UM LINDO AMANHECER

sim... "diante de um claro dilema: a realização da justiça ou se faz através de reformas profundas e corajosas... ou se faz pelas forças da violência". Isto, porém, completava o Pontífice... já seria malogro certo: "sem resultado duradouro e sem benefício para o homem!..."[59].

---

[59] Pronunciamento de João Paulo II em Salvador/BA.

TEOLOGIA DO TRABALHO

"A Igreja vai encontrar logo nas primeiras páginas do Livro do Gênesis a fonte dessa convicção de que o trabalho constitui uma dimensão fundamental da existência humana sobre a terra", assim começa a Encíclica sobre o Trabalho, no seu capítulo segundo. E prossegue: "O homem é imagem de Deus, além do mais, pelo mandato recebido de seu Criador de submeter e dominar a terra. No desempenho de tal mandato, o homem, todo e qualquer ser humano, reflete a própria ação do Criador do universo"[60].

Desenvolvendo mais a fundo essas considerações de fé, o Papa continua: "dar ao trabalho do homem concreto aquele sentido que ele tem aos olhos de Deus, mediante o qual o mesmo trabalho entra na obra da salvação"! E vai mais longe, atribuindo à Igreja o "dever" de promover "uma espiritualidade do trabalho" em vista de ajudar a todos os homens a "participarem nos seus desígnios de salvação"[61].

Afinal, o texto se documenta com as expressões lapidares do Vaticano II: "o homem, criado à imagem de Deus, recebeu a missão de submeter a si a terra e tudo o que ela contém, de governar o mundo na justiça e na santidade e, reconhecendo Deus como criador de todas as coisas, de se orientar a si e ao universo todo para ele, de maneira que, estando tudo subordinado ao homem, o nome de Deus seja glorificado em toda a terra"[62].

Bastariam essas passagens para esboçar não apenas uma visão "religiosa" do trabalho, mas também um grande ideal de promoção e libertação. Bastam essas rápidas pinceladas, para evidenciar o escândalo das situações deprimentes e degradantes no mundo do trabalho, ainda em nossos dias. A Encíclica se reporta aos longínquos tempos da *Rerum Novarum*, ainda tristemente famosos pelas

---

[60] Disponível em: https://www.vatican.va/content/john-paul-ii/pt/encyclicals/documents/hf_jp-ii_enc_14091981_laborem-exercens.html. Acesso em: 17 ago. 2019. N.º 4.

[61] *Idem* n.º 24.

[62] G.S 34. Disponível em: https://www.vatican.va/content/john-paul-ii/pt/encyclicals/documents/hf_jp-ii_enc_14091981_laborem-exercens.html. Acesso em: 17 ago. 2019. N.º 25.

desumanas condições de vida dos trabalhadores. O mais triste, porém, é averiguar que, em plena civilização do trabalho, à margem de soberbos parques industriais, persiste e vegetam "milhões de homens... em vergonhosa e indigna miséria"[63].

Continua verdadeira a observação de Pio XI: do ventre gigantesco da máquina industrial, sai a matéria enobrecida, com forma e beleza; sai o homem aviltado, humilhado e destruído. Acontece assim o paradoxo intolerável, e se invertem as finalidades essenciais, aproximando aquela visão apocalíptica de Samuel Butler, ainda no século passado, quando profetizava o monstro de aço devorando o seu próprio autor. O demiurgo, encarregado por Deus de ordenar e embelecer o universo, se vê acorrentado e chumbado na miséria, como se fora privado da bênção primeira, herdeiro de maldição.

Ora, o desígnio do Senhor, insculpido "nas primeiras páginas do Livro...", é exatamente o inverso de tudo isso. A expressão submeter a terra tem um alcance imenso. Ela indica todos os recursos que a mesma terra (e indiretamente o mundo visível) tem escondidos em si — e que, mediante a atividade consciente do homem, podem ser descobertas e oportunamente utilizadas por ele. Essas palavras "abarcam igualmente todas as épocas passadas da civilização e da economia, bem como toda a realidade contemporânea e mesmo as futuras fases do progresso..."[64].

Se no texto do Gênesis se encontra a raiz do "evangelho do trabalho", em Jesus de Nazaré, "o carpinteiro"[65], está a sua consagração. Com efeito, Jesus, "homem do trabalho, do trabalho artesanal", "não só proclamava, mas sobretudo punha em prática com obras o ´Evangelho` que lhe tinha sido confiado": a eloquência da vida de Jesus é inconfundível: ele de uma vez conferiu ao labor humano uma dignidade única, selando com sua marca divina, com seu nome pessoal, a mais humilde arte, o mais modesto banco de carapina. De agora em diante, toda oficina é templo: o operário, um semideus.

---

[63] Carta Encíclica Laborem Exercens, n.º 1.

[64] Disponível em: https://www.vatican.va/content/john-paul-ii/pt/encyclicals/documents/hf_jp-ii_enc_14091981_laborem-exercens.html. Acesso em: 17 ago. 2019. N.º 4.

[65] Mateus 6, 2.

A QUESTÃO DA MORADIA

VIDA DIFÍCIL

"A situação injusta da falta de moradia adequada para grande parte da população é consequência da estrutura econômica do país, que leva muitos a trabalharem por salários insuficientes e mantém os privilégios da minoria". Assim se expressa o importante documento emanado da Assembleia Geral do Episcopado, em meados de fevereiro.

Mais uma vez, os Bispos do Brasil se debruçaram sobre a realidade aflitiva das massas populares, em nossa terra, torturadas pelas enormes carências de todo gênero, a começar pela falta do elementar direito ao solo que pisamos. Há dois anos, a CNBB lançava famoso texto de análise da situação fundiária, constatando o paradoxo, o escândalo, de que o brasileiro comum, neste país-continente, não dispõe de uma pequena gleba para cultivar. O caso do Acre ilustra sobejamente esse absurdo nacional. Contando aproximadamente com 1 km^2 para cada habitante, aquela unidade da Federação já não oferece terra agrícola para a população, uma vez que 85% do solo passaram à propriedade privada de capitalistas do Sul. Enquanto isto, mais de quarenta mil acreanos invadem a fronteira boliviana, em busca de terras cultiváveis.

É por demais sabido que o destino ordinário do camponês expulso de sua roça não é bem o estrangeiro, mas são as cidades, sobretudo as metrópoles industriais. O Brasil já está contando com mais de oitenta milhões de população urbana: só nas duas regiões metropolitanas de São Paulo e Rio se concentram cerca de vinte e dois milhões de pessoas. E, então, acontece o pior. Na cidade maior ou menor, tanto faz, não existe lugar para o migrante. Igualmente como a terra agrícola, o solo urbano cada dia mais se reduz ao controle de certa minoria economicamente poderosa em detrimento de interesse coletivo fundamental. A especulação inescrupulosa vai tornando os terrenos de construção praticamente inacessíveis ao homem comum. "Em Belo Horizonte", informa o Documento dos Bispos, "o preço médio de um lote, em loteamentos populares, passou de um preço correspondente a 8 salários mínimos, em 1960, para 21 salários mínimos, em 1970, e para 57 salários mínimos (*sic*) em 1976". E acrescenta ainda: "é justamente nessa região metropolitana de Belo Horizonte que, em 1975, no município de Betim, 80% dos lotes estavam vazios"... esperando valorização.

Assim vamos chegando ao cerne do problema. "A especulação imobiliária, ao aumentar o preço do solo, agrava a situação habitacional do país e permite perceber uma característica fundamental na destinação do solo urbano: há solos de habitação repartidos desigualmente entre as diversas camadas sociais; mas há também solos de especulação, estocados e ociosos, destinados exclusivamente a operações imobiliárias"... "A apropriação do solo urbano reproduz, com nitidez, a disparidade observada na renda: hoje, o Brasil é um dos países do mundo onde essa disparidade atinge os níveis mais elevados, ameaçando-nos de uma verdadeira implosão social e econômica. Enquanto 5% da população mais rica concentram 37,9% da renda total, aos 50% mais pobres sobram apenas 12,6% da mesma renda".

Está dito: a miséria habitacional de nossas massas é apenas um dos aspectos da mais abrangente miséria econômico-social e uma simples consequência do capitalismo voraz que se expande na cidade como no campo. Este nosso humilde chão nativo, tornado mercadoria, feito "terra de negócio" e não terra de trabalho ou de habitação, esta nossa argila comum e universal — como a água ou o ar — já se mudou em artigo sofisticado, inalcançável a qualquer pobre mortal. Aonde vamos? Em nosso maravilhoso país, a irmã água, quando original das fontes, foi declarada produto de luxo, com sobretaxas proibitivas ao povo. De luxo também é cada dia mais um simples e primitivo hausto de brisa fresca e pura, longe das chaminés e dos venenos que contaminam nossos pulmões. De luxo... é viver, quando apenas sobrevivemos, os mais resistentes, dilapidados constantemente em nossas reservas vitais.

A NOVA CAMPINA

Uma Nova cidade se improvisa ali ao sul de Bodocongó. Lá estava o casario imenso, desocupado, despreparado, na morosidade das obras "do Governo". De qualquer forma, a brancura da paisagem, a vastidão dos espaços, o alinho das ruas novinhas era a permanente tentação dos pobres. Não dava muito para resistir. Tanta casa vazia, enquanto a gente penava no barraco inóspito, ou pagava aluguel impossível. Até que um dia aconteceu o que era de se prever.

Em todo o país, isto se chama "invasão". Adotam-se outros eufemismos, como "ocupação". Aos poucos, se cria uma especial jurisprudência no acompanhamento dessas situações que se repetem. Frequentemente, os singulares inquilinos passam a chamar-se simplesmente "moradores": de um dia ou de um mês, tanto faz, querem ser reconhecidos como verdadeiros habitantes... por que não? Por sinal, há todo um humor negro no desenrolar-se desses dramas coletivos. Muita coisa curiosa acontece do grotesco ao sublime.

Vai-se tornando rotina, neste país, esse tipo de crescimento urbano. Da manhã para a noite, ocupa-se por inteiro um bairro novo, inacabado. Outras vezes, é apenas o terreno que se disputa. E logo, como por encanto, se monta uma cidade. Através de todo o continente, o movimento se reproduz com algumas características locais. Chegando certa vez a Lima, falava-se por toda parte no acontecimento da noite anterior: de repente se formara sobre uma colina suburbana mais um "Pueblo Nuevo". Tudo muito bem organizado; planejada em todos os pormenores, a operação saíra perfeita. Nascia a "barriada" de "San Salvador", com nada menos de 50.000 habitantes. Assim também no México, a coisa se pratica com total segurança e requintes de organização.

O fenômeno dá o que pensar. A evasiva mais frequente é atribuída simplesmente à esperteza e malandragem dos "invasores". Estaríamos diante de uma desordem social como qualquer outra, merecedora de repressão adequada. E certamente nem tudo é tão puro e limpo em movimentos de massa dessa natureza. Seria por demais ingênuo imaginar que todos os "ocupantes" são igualmente necessitados, todos muito "certinhos". O que é que se faz, nesta nossa sociedade, dentro de total lisura e honestidade?

Evidentemente, os órgãos competentes terão de proceder a escrupuloso exame de todas as situações, caso por caso. E será dado tratamento diferente a problemas diferentes. A justiça consiste em tratar de maneira desigual realidades desiguais. Tratamento humano entende-se, com tolerância e equidade. Seria de se aconselhar a qualquer cidadão aberto às causas do povo uma visita tranquila ao imenso aglomerado, apelidado "Álvaro Gaudêncio", verdadeira "Nova campina". Venham e vejam!

O bom mesmo é andar a pé, rua por rua, encontrando as pessoas, olhando os meninos descalços, o matagal das avenidas. Uma senhora grávida sobe a ladeira íngreme, com lata d'água na cabeça. Em lá de fora do conjunto, porque o caminhão-pipa está demorando muito. Ali adiante, uma concentração ruidosa: sobretudo mulheres e crianças, pacificamente, esperam, há três horas, a chegada do tardio caminhão. Ele vai e vem, o dia todo, mas não dá conta de servir à multidão. Naquela tarde, não havia transporte por dentro do bairro. Era necessário alcançá-lo lá no final da pista. E de noite, como fazer? Só resta a luz das estrelas.

Depois de percorrer a nova cidade, fica-nos a pergunta irresistível: o que fazer? São milhares de famílias em condições muito penosas. Como ignorar sua existência e seu quadro de vida? São cidadãos campinenses, brasileiros quanto nós, com direito de viver e de morar descentemente. A pergunta incômoda retorna: o que é que eu já fiz por aqueles meus irmãos? Passo a passo, Campina Grande toda se mobiliza para acudir aos "moradores" inseguros, desconfiados, desassistidos, sofridos, mas esperançosos, que armaram seu sonho nos flancos da cidade antiga. E não pensam em sair de lá. (Para onde?) Pensam em transformá-lo em uma Nova Campina, ainda mais bonita.

TEXTOS ESCRITOS PELO PADRE LUÍS FERNANDES

A AÇÃO CATÓLICA

Pe. Luís Fernandes

Na semana passada, o Concílio encerrou suas discussões sobre o esquema dos leigos. Ficou para outra fase futura a consideração de outro mais amplo sobre o Apostolado Leigo na Igreja, a sua posição e suas formas variadas. Não há dúvida, desta grande Assembleia ecumênica que vai marcar o século seguinte de nossa história cristã, entre outras aquisições duradoura terá de sair consagrada e solidificada a própria Ação Católica. Nisto, mais uma vez, queremos focalizar a doutrina de Paulo VI, roteiro inédito para as marchas conciliares. Ora, segundo o Papa, a Ação Católica já pertence agora ao próprio plano constitucional da Igreja. Assim se expressa em discurso de 27 de julho passado, dirigindo-se à Assembleia eclesiástica italiana, mais enfática ainda: A Ação católica não é superada, não é substituível, não está esgotada. A vontade expressa do Papa de dar plena cobertura, não só, mas caráter estável e definitivo à Ação católica está inculcada categoricamente naquela elocução. Diz, sem arrodeios, com as formas todas que assumiu pela Igreja em fora, a que tome novo e redobrado vigor. De início, aliás, o Pontífice se dá a análise das razões especiais e motivos irresistíveis que impõe um laicato organizado, nesta hora de Igreja e do mundo. Lembra que a própria vocação eclesial do Leigo se evidencia melhor por uma consideração doutrinária aprofunda, urge a Ação Católica. Urgente, sem dúvidas, será uma regeneração religiosa moral de nosso tempo a ser operada, exatamente, pelos apóstolos presentes no reino do temporal.

Donde o dever para quem tem a responsabilidade de promover o trabalho pastoral e a dedicação dos leigos para a atividade apostólica na Igreja. Dever de educar apóstolos: não é ocioso repeti-lo ainda uma vez, depois de tudo o que foi dito por Pio XI e por Pio XII: É dever do leigo assumir sua posição: passar de uma concepção inerte e passiva da vida cristã, para uma concepção consciente e ativa. Este está sendo um dos motivos da doutrina do Papa. A preocupação de despertar da liturgia a consciência católica, de pôr fim à aposentadoria espiritual de tanto católico aburguesado. Cada cristão tem que ser militante: apóstolo ou apóstata (Pio XI).

Depois, o Papa enfrenta o problema da natureza mesma da Ação Católica, tentando respeitar sua definição e suas condições essenciais. Pareceria lugar comum, estar-se a renovar velhos conceitos, tão sabidos, tão decorados. Mas a verdade é que estamos na hora de fixações, de recolher o futuro de elaboração longas, particularmente no campo de uma doutrina do laicato. A Ação Católica, relembra Paulo VI, deve ser tida, efetivamente com a colaboração dos Leigos no apostolado jerárquico da Igreja sendo e continuando para sempre a ser tarefa própria dos leigos, sem perder seu caráter específico pelo fato da íntima vinculação com a jerarquia, que os leigos considerem a Ação Católica como Obra sua, não apenas a eles destinada, mas também por eles formada e promovida, ligada indubitavelmente à jerarquia eclesiástica. Condição, de fato, singular e de implicações várias, mas esta é sua índole própria. Qualquer simplismo seria desastroso e nos levaria pelos conhecidos caminhos do clericalismo, de um lado, ao do laicismo, por outro. Desta vez, porém, o Pontífice julga necessário acentuar, exatamente, a natureza leiga e a autonomia devida a uma autêntica Ação Católica. Seja ela capaz de iniciativas próprias e de responsabilidades próprias, como convém precisamente a um organismo destinado a formar cristãos conscientes e adultos. Palavra oportuna: como preparar lideranças conscientes e adultas, dentro de quadros fechados, de organizações pacatas, de grupinhos medíocres e rotineiros? Sabemos da complexidade e das dificuldades que acarreta a tarefa de educação de pessoas responsáveis no exercício de iniciativas próprias, e muito mais fácil e cômodo tanger rebanhos. Mas assim não será jamais atingida aquela maturidade e vigor que o Papa indica como próprios do militante moderno.

Exortando os assistentes eclesiásticos italianos, lhes afugentava os falsos temores: pedimos-vos, antes de tudo, que tenhais confiança nesta forma de apostolado da Igreja. Se pertence agora ao plano constitucional da própria Igreja, a Ação Católica traz consigo as garantias do céu; a certeza antecipada de eficácia e vitória. Cheio de alegria, Paulo VI prenuncia nas fileiras da AC os mais belos frutos. A hierarquia que tiver concedido o devido lugar e o devido tratamento à sua Ação Católica poderá encontrar nos seus militantes os mais fiéis, os mais caros, os mais preparados, os mais intrépidos colaboradores, os amigos das horas íntimas e tristes, os irmãos muito queridos e afetuosos de que fala o Apóstolo[66].

---

[66] Filipenses 4, 1.

A HORA DOS LEIGOS

Pe. Luís Fernandes

Em seu discurso inaugural da presente sessão Conciliar, Paulo VI assinalou um dos objetivos primários do próprio Concílio: "Lançar uma ponte para o mundo contemporâneo". A Igreja, no momento, "redescobre e reafirma sua vocação missionária, isto é, seu destino essencial, que é de fazer da humanidade, quaisquer que sejam as condições em que se encontre, o objeto de sua apaixonada missão evangelizadora". Relembrando, depois, o Papa a mensagem a todos os homens com que o Concílio, há um ano, se iniciava, confirmou e exaltou tal gesto inspirado de "abrir diálogo com o mundo".

Ora, o Concílio, nesta parte, vem apenas intensificar e potenciar um esforço que é o da Igreja, nestas últimas décadas. De fato, a promoção de um laicato adulto é o dispositivo providencial para esse contato afetivo e eficaz com a realidade do mundo contemporâneo. Na aula Conciliar, começa-se a debater um capítulo teológico sobre o Apostolado Leigo e suas variadas formas. O que, desse, bastaria para demonstrar a importância que já assume na consciência católica de hoje a posição e função do Laicato na Igreja e no mundo.

Vamos, a começar de agora, e vezes seguidas, retomar esta matéria na marcha do Concílio, mas apreciando antes as colocações já feitas por Paulo VI, vigoroso doutrinador sobre o Laicato. A nossa convicção, aliás, é de que neste particular o Pontífice vai indo bem na frente e muito teremos que andar nós, para alcançá-lo. Paulo VI, indubitavelmente, despertou para a grandeza de "uma idade adulta do Laicato" (expressão sua), quer como expansão e maturação da Igreja mesma na sua constituição interna (uma frase de seu crescimento), quer ainda como instrumento poderoso, ou "linha de frente" (Pio XII), para a inserção e fermentação evangélica no seio da realidade mundana. Aí estão, com efeito, as duas faces de um Laicato autêntico. Um instante de plenificação da própria Igreja, desdobrando suas energias, atuando suas partes constitutivas e dando-lhe pujança. Doutro lado, um alevantamento do potencial leigo, vivo e dinâmico, é uma invasão sobrenatural, uma larga e fecunda incursão do Espírito no mundo.

A concretização desses impulsos é um fator novo.

Há três meses, em Frascati, o Papa elogiava a Vicente Pallotti, pela "descoberta" das possibilidades laicas na vida da Igreja. "Seria, talvez, fazer injustiça à tradição cristã dizer esta palavra", observa Paulo VI, "mas é necessário ser realistas e adotá-la". Descoberta que está concorrendo, com outros fatos capitais, para a transformação da fisionomia da Igreja. O fenômeno leigo ainda está em processo de definição, e é imprevisível a que dimensões vai atingir. Já se pode, contudo, trocar e ver, pelo mundo em fora, a marca que se vai imprimindo à comunidade cristã, pela presença atuante dos fiéis e "fregueses" de velhos tempos.

No Concílio, acontecimento máximo do século, vai comparecendo o Laicato, cada vez mais inconfundível. Nos preparativos da presente sessão, o episcopado de várias regiões se fez assessorar de equipes leigas, para o estudo de certos capítulos doutrinários fundamentais. Agora mesmo, em Roma, realizam-se encontros de padres conciliares, líderes católicos e assistentes eclesiásticos de nossos movimentos apostólicos. Já assistem às assembleias gerais alguns poucos representantes leigos, mas se fala em aumentar-lhe o número.

Ressoa-nos aos ouvidos a palavra de Paulo VI, no discurso de Frascati: "... é hora, é hora dos leigos... é a hora das almas que querem colaborar na redenção".

Presença na Igreja, como integrante sua essencial presença da Igreja no mundo, como "ponte" do mistério sobrenatural para as entranhas do mundo profano: eis o Laicato! Enquanto ele se fortalece dentro da comunidade divina, expande-se em erradicação apostólica; porque a Igreja não é outra, senão a comunidade da salvação: sua "vocação missionária" é seu "destino essencial".

Na "onda leiga" que sobe (tal como as ondas monásticas de outra), não há nada de anormal. Temos apenas um dos aspectos do reencontro da Igreja consigo mesma, um crescimento no sentido e ser melhor ela mesma, na sua pureza, na sua autenticidade e plenitude. "A Igreja, quando toma consciência de si mesma, torna-se milionária" (Paulo VI).

AS FUNÇÕES DO LEIGO

Pe. Luís Fernandes

Toda vez falamos de uma promoção do Laicato, no plano de Igreja, e deveremos estar atentos a precisar bem o alcance das atribuições justas. Poderei sempre persistir um perigo de exorbitâncias e excessos. Em qualquer sentido. Alguém já introduziu o conceito de "proletário" (de Toynbee) para esclarecer a situação antiga do leigo. É forte, certamente, a comparação. Há limites a estatuir, realidade a elucidar, especialmente quando pensamos no confronto entre leigo e hierarca. Não se sonha, sequer, em democratizar simplesmente a Igreja. A sua estrutura fundamental não é fruto de evolução puramente histórica, nem tampouco de usurpações de castas. O Cristo Senhor quis e fez uma comunidade hierárquica. O exercício efetivo do regime eclesial, por contingências humanas, poderá, em determinadas épocas, parecer de algumas deformações mais ou menos profundas. Já nos reportamos ao fenômeno, antecedentemente, comentando uma palavra de Paulo VI. O abuso não tira o uso: temos apenas de tentar um aperfeiçoamento e não uma revolução. Ora, como entender convenientemente o papel soberbo destinado ao leigo na vida da Igreja, respeitada a origem hierárquica? O grande mestre de teologia do Laicato, P. Congar, pretende equacionar a matéria, fazendo a distinção entre "poder" e "função". Pela própria palavra, a hierarquia detém, com exclusividade, o poder sagrado. A um primeiro grupo de chefes e aos seus sucessores, sob a orientação de Pedro foi confiada a gestão: postos para reger a Igreja de Deus. Uma salutar e equilibrada promoção do Laicato jamais levará o fiel a pretender tomar o lugar do Bispo. Antes, na proporção em que mais ele despertar para o verdadeiro sentido de sua missão eclesial, melhor saberá atribuir valor essencial à sagrada hierarquia: e mais dócil se tornará ao seu singular comando. Comando singular, por sua vez, incomparável, como advertiu o próprio Senhor ("Vós, porém não assim!") com a autoridade mundana. Aqui, autoridade significa, antes de tudo, serviço: o serviço oficial da salvação! Enquanto isto, por seu lado o leigo tem de exercer, inalienáveis, as suas "funções". Funções no grande organismo vivo, sem condição oficial e autoritativa, mas essenciais para o crescimento do corpo e realizações do Mistério.

Então aquelas atividades, hierárquicas e oficiais num caso, se executam em toda a Igreja: e a comunidade eclesial total é verdadeiramente real, profética e sacerdotal. A realeza do Laicato está no domínio da graça sobre as realidades mundanas, através da santidade do fiel. Estará também (lembrava-o Lecuyer), paradoxalmente, na obediência sobrenatural, vivida em Igreja. Congar adiantará ainda todo peso dos hábitos e costumes cristãos que, de certo modo, orienta a comunidade. O profetismo leigo tem sido amplamente explicitado. Não se pode esquecer o valor profético do testemunho, para um mundo especialmente que só acredita no que vê. Vale exaltar igualmente a importância daquela descoberta dos apelos do mundo para o Evangelho e das formas adequadas de responder a tais anseios. Nisto vai grande tarefa do leigo moderno. É profetismo ainda o tornar aos homens capazes de escutar a Mensagem e de executar em atos uma Verdade Vida. A função "sacerdotal" do Laicato é mais conhecida, em termos daquele, assim chamado, sacerdócio universal, para diferenciá-lo, exatamente, do hierárquico. O filho de Deus afetua o culto espiritual de suas ações e participa na Liturgia. Em cada momento litúrgico (pela sua própria natureza de realidade comunitária e pública), se vai dobrando, mais e mais, a parte que cabe ao simples povo fiel, e mesmo, em certo sentido, a todos os homens.

A ideia que cresce, nesta nossa idade teológica, é a de uma redenção coletiva, e nos dois sentidos: ativa e passivamente. A humanidade toda deve ser redimida e é preciso sairmos de quadros mais fechados de outrora, para uma grande aventura missionária. Não só. Este é o plano soberano e amoroso de Deus: que os homens salvem aos homens. Cada um ao seu modo, dentro de suas possibilidades concretas e de limitações naturais. Mas todos, a um, para uma meta coletiva.